MACONHA

Blucher

MACONHA

*Os diversos aspectos,
da história ao uso*

Organizadoras

Luciana Saddi

Maria de Lurdes S. Zemel

Maconha: os diversos aspectos, da história ao uso
© 2021 Luciana Saddi e Maria de Lurdes S. Zemel (organizadoras)
Editora Edgard Blücher Ltda.

Imagem da capa: iStockphoto

Blucher

Rua Pedroso Alvarenga, 1245, 4º andar
04531-934 – São Paulo – SP – Brasil
Tel.: 55 11 3078-5366
contato@blucher.com.br
www.blucher.com.br

Segundo o Novo Acordo Ortográfico, conforme
5. ed. do *Vocabulário Ortográfico da Língua
Portuguesa*, Academia Brasileira de Letras,
março de 2009.

É proibida a reprodução total ou parcial por
quaisquer meios sem autorização escrita da
editora.

Todos os direitos reservados pela Editora Edgard
Blücher Ltda.

Dados Internacionais de Catalogação
na Publicação (CIP)
Angélica Ilacqua CRB-8/7057

Saddi, Luciana

Maconha: os diversos aspectos, da história ao
uso / organização de Luciana Saddi, Maria de Lurdes
de Souza Zemel. – 1. ed. – São Paulo: Blucher, 2021.

184 p. il.

Bibliografia

ISBN 978-65-5506-065-2 (impresso)

ISBN 978-65-5506-064-5 (eletrônico)

1. Psicanálise. I. Título. II. Zemel, Maria de
Lurdes de Souza.

20-0489 CDD 150.195

Índice para catálogo sistemático:
1. Psicanálise

Ao professor Elisaldo Carlini,

"Só é válido se pudermos levar mais longe as fronteiras do desconhecido." Essa frase, que o professor Carlini disse ter ouvido do professor Ribeiro do Valle, estimulou sua iniciação na farmacologia e no estudo da maconha. Era o ano de 1954.

Hoje, em 2021, estamos publicando um livro sobre a maconha. Ainda enfrentamos preconceitos, professor, mas persistimos em levar adiante o conhecimento científico, de forma clara, para a população brasileira, que dele tanto necessita.

Você já não está mais entre nós, mas deixou o legado de que é preciso persistir com ética. Aqui fica nosso reconhecimento e nossa homenagem!

Luciana Saddi e Maria de Lurdes de Souza Zemel

Conteúdo

Agradecimentos	9
Apresentação	13
Prefácio	17

1. As famílias e o uso de maconha   21
   Silvia Brasiliano

2. O uso da maconha por adolescentes: entre prazeres
   e riscos, "o barato que sai caro!"   29
   Maria Fátima Olivier Sudbrack

3. O uso da maconha e a prevenção   45
   Maria de Lurdes de Souza Zemel

4. Vulnerabilidade no uso da maconha   51
   Marcelo Sodelli

5. Maconha e vulnerabilidades sociais: o que sabemos?   63
   Eroy Aparecida da Silva, Yone Gonçalves de Moura

8 CONTEÚDO

6. Redução de danos, maconha e outros temas polêmicos 73
   Vera Da Ros

7. A questão legal 87
   Luís Francisco Carvalho Filho

8. O uso terapêutico dos canabinoides: novas perspectivas
   e informações clínicas 97
   Dartiu Xavier da Silveira Filho, Rodrigo Nikobin

9. Os usos terapêuticos da maconha 113
   Renato Filev

10. Os usos religiosos e espirituais da *Cannabis* 129
    Edward MacRae

11. A internação em caso de dependência de maconha 139
    Valéria Lacks

12. A polêmica psicose canábica 145
    Marta Ana Jezierski

13. Maconha: origem e trajetória 159
    Lilian da Rosa

14. A questão econômica 169
    Taciana Santos de Souza

Agradecimentos

Como nasce um livro? Quem o acolhe?

Um livro é sempre o resultado do esforço e da criatividade de um conjunto de pessoas, por mais modesto que seja. São inúmeros envolvidos na criação, muito além de organizadores, autores ou editor. Adicionalmente aos tantos elementos humanos e materiais na construção do livro, é preciso dar crédito ao espírito do tempo, que colabora de maneira invisível para o nascimento das obras. Autor-fantasma de todos os livros, o espírito do tempo está sempre presente.

A história da obra *Maconha: os diversos aspectos, da história ao uso* não difere da trajetória de tantas outras. Da ideia inicial à realização participaram dezenas de amigos e colegas. Antes mesmo do projeto real do livro, havia estudos, a clínica psicanalítica que praticamos, quem somos e o contato com ideias e pessoa, que anonimamente contribuíram para a forma, o conteúdo e a construção do volume.

10 AGRADECIMENTOS

Nossos mais sinceros agradecimentos a todos que colaboraram nessa jornada.

Às coordenadoras da série *O que fazer?*, Sonia Terepins, Susana Musckat e Thais Blucher, pela leitura atenta e pela visão editorial.

Ao editor Eduardo Blucher pela coragem de assumir um livro que, embora pautado na ciência, pode se tornar polêmico por abordar tema controverso.

A Bonie Santos e Bárbara Waida, que, na produção, se ocuparam de todos os problemas editoriais do livro – da linguagem à forma, da revisão ortográfica ao conteúdo, da bibliografia às imagens –, pela atenção e pelo zelo.

Ao prefaciador Pedro Abramovay, à autora do texto de contracapa Magda Guimarães Khouri e ao juiz José Henrique Rodrigues Torres, que escreveu a orelha, não apenas por se integrarem ao livro, o que é uma forma de aceitação, mas também pela leitura arguta. Bons leitores que são, trouxeram frescor e oxigênio à obra.

Aos autores da obra por aceitarem o desafio de traduzir, para público amplo e variado, a profundidade do conhecimento:

Dartiu Xavier da Silveira Filho

Edward MacRae

Eroy Aparecida da Silva

Lilian da Rosa

Luís Francisco Carvalho Filho

Marcelo Sodelli

Maria Fátima Olivier Sudbrack

Marta Ana Jezierski

Renato Filev

Rodrigo Nikobin

Silvia Brasiliano

Taciana Santos de Souza

Valéria Lacks

Vera Da Ros

Yone Gonçalves de Moura

Trabalho e reflexão, de toda uma vida, dedicados à ciência e ao saber livres de preconceito e juízo de valor, muitas vezes enfrentando o obscurantismo e a resistência, têm imenso valor para a sociedade.

Luciana Saddi e Maria de Lurdes S. Zemel

Apresentação

O livro *Maconha: os diversos aspectos, da história ao uso* surgiu da necessidade de transmitir ao público leigo conhecimento científico de qualidade sobre um tema polêmico, controverso, geralmente debatido com preconceitos, certezas e paixões.

As pesquisas científicas costumam ser de difícil entendimento para os não habituados à linguagem dos pesquisadores. Obstáculos à compreensão dos resultados de trabalhos acadêmicos são frequentes; ora são as expressões utilizadas, os termos científicos, a linguagem técnica, ora as estatísticas, os gráficos e a matemática complexa que atrapalham a leitura e a fluidez dos artigos; sem contar as frequentes complicações na descrição dos procedimentos adotados.

Os desentendimentos ou a superestimação dos resultados são quase sempre o destino natural das pesquisas científicas quando não mediadas por pesquisadores interessados em informar a sociedade, em fazer a ponte que possibilita o entendimento, ultrapassando a dureza da linguagem científica e levando à disseminação

14 APRESENTAÇÃO

do conhecimento. Junte-se a essas dificuldades o tema das drogas ilícitas, tema angustiante – chega a ser assustador mesmo –, tema demonizado pela história, permeado por falsas informações e interesses escusos. Porém, o conhecimento científico só faz sentido se estiver à disposição da sociedade, para que esta possa debatê-lo e usá-lo da maneira que julgar importante.

O presente livro foi concebido para levar conhecimento científico à sociedade e para esclarecer, para informar parte do que se sabe a respeito da maconha até os dias de hoje, no intuito de possibilitar ao leitor desenvolver uma posição pessoal sobre o tema, em vez de se apegar a opiniões apressadas e prejulgamentos.

Falamos em "parte do que se sabe" porque o conhecimento científico se faz assim, é construído em partes – no campo das humanidades, raramente é possível obter algo inteiramente conclusivo, por isso partes. São partes, porções da realidade, pedaços do objeto pesquisado que vêm à tona. A complexidade do tema implica pensar por partes. Investigam-se aspectos da droga, dos usuários, da sociedade, e há inúmeras subdivisões em cada um desses aspectos. Seria impossível pensar detalhadamente todos os aspectos de um objeto de investigação ao mesmo tempo. O conjunto dessas partes, as partes reunidas, nos dão um pouco mais de certeza sobre certos aspectos do problema, mas nem por isso representa a palavra final. O conhecimento não se esgota – no entanto, permite cotejar.

Cotejar: conferir, relacionar, comparar, contrapor, verificar, explicar, narrar, contar; eis as várias facetas do pedido (e do resultado) que fizemos aos pesquisadores e estudiosos convidados a escrever sobre a maconha neste livro – que mais se parece com uma roda de conversa, em que cada um apresenta sua parte da história.

Elegemos diversos aspectos da maconha, e cada capítulo trata de um desses aspectos. Partimos de questões ligadas ao uso e abuso da droga, referentes às feições psicológicas dos usuários, suas famílias, vulnerabilidades, tratamentos e prevenção. Depois, consideramos as questões atuais, como o uso terapêutico da maconha e a descriminalização, até chegar aos problemas históricos, sociais, econômicos, legais e religiosos ligados a ela. Não esgotamos todo o universo relativo à maconha, mas acreditamos que o livro tem informação suficiente e segura para o leitor dar seus primeiros passos em busca de conhecimento.

Os capítulos estão dispostos em uma sequência pensada por nós, que facilita a compreensão do todo, mas nem por isso é única. Assim, eles podem ser lidos em conjunto e também separadamente. As informações de alguns se repetem em outros, mas optamos por deixar o leitor escolher por onde começar e o que privilegiar em sua leitura, de acordo com seu interesse e necessidade. Os capítulos são curtos, mas contêm um condensado de informações recolhidas ao longo de décadas de trabalho por cada um dos pesquisadores aqui elencados. Os minicurrículos deles atestam a seriedade com que se dedicam ao tema. Como organizadoras e idealizadoras deste livro, escolhemos que a bibliografia de cada capítulo viesse ao seu final – e não no final do livro, como é o costume nas teses científicas e/ou acadêmicas –, simplesmente no intuito de facilitar a leitura.

Os que esperam um livro prescritivo – a favor ou contra –se decepcionarão. É que não há respostas simples, apenas informações seguras, obtidas com renomados pesquisadores em suas áreas, para que o leitor construa sua própria visão do problema.

Lembramos ainda que o problema jamais é a droga em si. A maconha – aqui examinada em múltiplas dimensões – não existe sozinha. Existe para quem a usa, para quem a condena, existe numa grande rede simbólica atravessada por inúmeros interesses e pela história humana.

Esperamos que a leitura seja prazerosa, que contemple a curiosidade do leitor sobre o tema e que venha a despertar mais interesse pelo conhecimento científico e acadêmico.

Luciana Saddi e Maria de Lurdes S. Zemel

Prefácio

No mesmo momento em que os Estados Unidos, principal centro irradiador da ideologia da guerra às drogas, vão expandindo a regulamentação do uso da maconha e que na América Latina o uso medicinal também avança (México, Chile, Peru, Colômbia e Uruguai já aprovaram legislações nesse sentido), o Brasil parece paralisado no debate da criminalização da droga e da internação compulsória para usuários.

Após uma esperança de avanço nesta discussão, com alguns votos de ministros do Supremo Tribunal Federal (STF) favoráveis à declaração de que é inconstitucional a criminalização das drogas (especificamente a da maconha), o debate não só parou, como retrocede a passos largos. A principal expressão do retrocesso vem com a aprovação da Lei n. 13.940/2019, que além de nada avançar na política de redução de danos ou de regulamentação do consumo, ainda reforça o papel das internações e das comunidades terapêuticas no tratamento de drogas.

O autor do mencionado diploma legal usou suas impressões pessoais ao caminhar nas ruas para justificar a ação governamental

18 PREFÁCIO

na área, desprezando as evidências científicas sobre o tema. O caso mais flagrante desse desprezo se deu com a proibição de divulgação de pesquisa contratada pelo próprio governo – e realizada pela Fundação Oswaldo Cruz – acerca do consumo de drogas no país. A pesquisa, apesar de mostrar um quadro grave no cenário sobre o uso problemático de drogas no Brasil, fica longe de apontar a epidemia propalada pelo governo, que justificaria o endurecimento das políticas, na contramão do que está fazendo o resto do mundo.

O desprezo às contribuições científicas não é novidade quando o tema é política de drogas. Desde a consolidação da ideologia da guerra às drogas, a partir dos anos 1960, qualquer iniciativa (política, científica ou educacional) que contrariasse a ideia de que apenas a proibição, a criminalização e o uso da força poderiam erradicar completamente as drogas do planeta era também criminalizada e acusada de promover o mal. Pesquisas científicas que não confirmassem as hipóteses proibicionistas eram vetadas, políticos que ousassem discutir o tema eram alvo de campanhas difamatórias, e esforços preventivos que pretendessem abordar o tema com seriedade, expondo os riscos reais do uso de drogas e não o terrorismo midiático, eram impensáveis.

O ciclo que pressupunha que as drogas eram um problema, e que portanto não se poderia medir esforços para erradicá-las, mesmo que isso custasse vidas, superpovoasse presídios, aprofundasse injustiças sociais e custasse trilhões de dólares, estava tão consolidado que era mantido mesmo que seus resultados fossem desastrosos. As democracias e a ciência pareciam impermeáveis a posições diferentes.

Assim, a mudança que começa a ocorrer no mundo com relação à maconha é uma ruptura profunda com essa ideologia perversa e ineficiente que reinou soberana no planeta até recentemente. Essa mudança tem permitido avanços importantes na ciência, com a descoberta de propriedades terapêuticas impressionantes no uso de diversas substâncias presentes na maconha, reversão da tendência de encarceramento em massa por causa do tráfico de maconha, cuidados mais eficientes a partir da lógica de redução de danos e campanhas mais precisas, que abordam os verdadeiros riscos das substâncias. Além disso, essa mudança dá origem a uma arrecadação expressiva de impostos, transferindo um dinheiro que abastecia a criminalidade organizada para a melhora de serviços públicos.

É triste perceber que o Brasil do século XXI não parece candidato a experienciar esta pequena revolução na abordagem do tema da maconha, que traz benefícios e afasta vários prejuízos ligados à criminalização. Mas é também por esse motivo que o livro *Maconha: os diversos aspectos, da história ao uso* se faz imprescindível no Brasil de hoje.

Se a classe política ainda não parece pronta para tomar passos tão óbvios, que nos aproximem dos países nos quais o debate está mais avançado, a sociedade tem o direito de receber a informação que por tanto tempo lhe foi sonegada em função da ideologia da guerra às drogas, que escondia informações e propagava mentiras para se perpetuar.

Este livro permite que os leitores desfrutem de análises de alguns dos principais especialistas brasileiros sobre diversas perspectivas que o debate sobre a maconha pode trazer. Dos riscos reais que o consumo apresenta às formas eficientes de realizar campanhas preventivas, do impacto econômico do mercado de maconha aos usos medicinais das plantas. Informação de qualidade, apresentada de forma clara para um público não necessariamente especialista no assunto.

Infelizmente, no Brasil de hoje, publicar artigos científicos que simplesmente aprofundem análises sérias e sem preconceitos é um ato político contra um obscurantismo que impera em alguns setores do Estado. Fazer isso a respeito de um tema que sofre de escassez de informação de qualidade em virtude de uma ação tão eficiente da ideologia da guerra às drogas é quase um ato heroico. É justamente isso que faz este livro tão necessário.

Pedro Abramovay

1. As famílias e o uso de maconha

Silvia Brasiliano[1]

A família é a matriz psíquica para o desenvolvimento afetivo dos seus descendentes. O vínculo inicial mãe-filho é fundamental para a estruturação da personalidade. O padrão de atitudes dos pais está relacionado ao ambiente sociocultural no qual eles estão inseridos e vai definir o papel de seus membros, bem como estabelecer as bases de sua interação. Ao longo do tempo, a família passa por inúmeras fases próprias de seu desenvolvimento e maturação. Essas fases constituem-se como crises, que podem levar ao crescimento e à transformação ou ser a base para conflitos e estagnação. Entre as crises vitais, temos o nascimento dos filhos, a adolescência, a saída dos jovens de casa, o envelhecimento dos pais e a morte.

A adolescência costuma ser um período muito intenso. É uma fase de reorganização emocional marcada por profundas

---

1 Psicanalista, doutora em Ciências pela Faculdade de Medicina da Universidade de São Paulo (FMUSP). Coordenadora do Programa da Mulher Dependente Química (Promud), do Instituto de Psiquiatria do Hospital das Clínicas da FMUSP. Sócia fundadora da Associação Brasileira Multidisciplinar de Estudos sobre Drogas (ABRAMD) e membro da diretoria nos biênios 2005-2007 e 2007-2009.

22 AS FAMÍLIAS E O USO DE MACONHA

mudanças com vista à construção de uma identidade independente. Os pais estão se preparando para perder a sua criança, e o filho está se preparando para ingressar no mundo adulto. Para isso, é necessário o afastamento do núcleo familiar, intensificando-se a relação com os amigos. Os adolescentes contestam os pais e assumem características próprias de sua geração: modos de falar, jeitos de se vestir, lugares para ir e objetos a consumir.

Atualmente, é estreito o relacionamento entre a adolescência e o uso de drogas, principalmente o álcool e a maconha. Nem sempre foi assim, mas a constatação de que os jovens fumam maconha com mais frequência hoje não é desconhecida de ninguém. Essa realidade tem mobilizado nas famílias uma angustiada preocupação, que promove uma saudável conscientização do problema, mas, ao mesmo tempo, inúmeras vezes é transformada em terror, dando margem ao alarmismo, às soluções miraculosas ou mesmo extremas.

Se este cenário social aumenta a curiosidade e pode favorecer a experimentação, sabemos, por outro lado, que nem todos os jovens vão se tornar abusadores ou dependentes de maconha. A intensificação do uso está relacionada com muitos fatores, sendo os mais importantes os individuais, de personalidade e os familiares. É essencial ter claro que, embora o ambiente familiar não possa ser considerado causa, ele tem influência no uso de drogas e pode constituir fator de proteção ou de risco para o desenvolvimento e a manutenção dos quadros aditivos.

É fator de proteção para o uso de drogas um ambiente saudável, em que os pais estejam ativa e afetivamente envolvidos com os filhos. Estar presente e estabelecer regras e limites claros são atitudes que ajudam o adolescente em seu processo de amadurecimento e escolhas de vida.

O filho vai tomar os pais como exemplo e repetir os modos como eles lidam com o mundo. Aqui vale a máxima: independentemente do que falamos, é o que fazemos que os filhos vão tomar como modelo. Em famílias em que todas as soluções vêm de fora e se costuma resolver os problemas sempre consumindo coisas, o uso de drogas pode se tornar uma consequência natural.

> *F. cresceu em uma família organizada, mas sempre muito ansiosa com a vida, o trabalho, as finanças e os relacionamentos. Sua mãe vivia preocupada, e quando estava "nervosa" comia demais, até o ponto de se tornar muito obesa. O pai resolvia suas fases difíceis comprando carros. "Um veículo novo sempre acalma e torna a vida mais feliz", dizia ele. Quando F. tinha 13 anos, experimentou maconha e passou a usá-la regularmente. Quando perguntado, disse que relaxava muito e que a droga o ajudava a ser menos tímido nas relações pessoais.*

Muitas vezes os pais, no intuito de proteger e tornar mais felizes seus filhos, evitam todo e qualquer sofrimento e resolvem todos os seus problemas. Ao longo do tempo, esse modo de agir, ao contrário do que se pensa, não ajuda o desenvolvimento. A permissividade excessiva e a ausência de limites claros não permitem que os filhos cresçam acreditando em suas capacidades para superar obstáculos e criar soluções para as suas dificuldades. A infantilização pode ser um fator de risco importante para o uso de drogas.

> *G. sempre foi desatento e arteiro e tinha muitas dificuldades na escola. Quando tinha 9 anos, os pais foram chamados porque no recreio ele tinha ferido gra-*

vemente um colega com uma tesoura: houve uma briga, pois o amigo não queria brincar do que G. queria. A coordenadora disse que ele não tinha mais condições de permanecer na escola. Os pais ficaram revoltados; achavam que tudo não passava de uma brincadeira de criança. Ao filho, mentiram, dizendo que iriam mudá-lo para uma escola melhor. Quando chegou ao consultório, com 16 anos, G. tinha sido pego vendendo maconha para seus colegas durante uma aula. Ele estava frequentando uma outra escola, a terceira nos últimos anos.

A descoberta de que o filho está usando maconha é sempre uma situação de alarme, que pode gerar reações impensadas, impulsivas e agressivas. A princípio, é importante não entrar em pânico e ter calma. Não adianta nada tentar conversar com alguém intoxicado. Para que um diálogo produtivo se estabeleça, é necessário que pais e filhos estejam em condições de pensar e buscar a forma mais adequada de atuar. Embora não existam regras, podemos tecer algumas considerações sobre as atitudes mais comuns.

1. *Confundir ilegalidade com gravidade*: de forma geral, quase sempre reagimos diferentemente quando alguém está usando maconha do que quando está bebendo. Embora o adolescente possa ser muito jovem e inexperiente, o álcool é visto como normal, e a maconha como profundamente perturbadora – "Meu filho se envolveu com drogas!", pensam os pais. Entretanto, tanto o álcool como a maconha (bem como o tabaco, a cocaína, os calmantes, entre outros) são substâncias psicoativas, ou seja, que interferem no funcionamento cerebral. Ambas são drogas! No Brasil, a maconha é ilegal, e o álcool, embora de consumo proibido para menores de 18 anos, é legal. Essa é a diferença entre as duas drogas. Se é claro

que devemos estar atentos a qualquer uso de substância (há pessoas que têm alergia à penicilina, por exemplo), beber é um hábito que frequentemente tem consequências imensamente mais graves do que fumar maconha.

2. *Confundir usuário com criminoso*: como fumar maconha é ilegal, muitos pais pensam imediatamente que o filho está envolvido com o crime e se transformou em marginal. Entretanto, o fato de cometermos atos infracionais não nos transforma em criminosos. Quase todo mundo já ultrapassou um farol vermelho, parou em lugar proibido ou tomou uma multa no trânsito! Nenhuma droga sozinha pode ser responsabilizada pelo comportamento criminoso. A criminalidade é multideterminada, e o uso de drogas pode facilitar a manifestação de sentimentos e atitudes que são individuais, dentro de determinado contexto social.

3. *Mentir*: deve-se ter muito cuidado com as informações que temos. Muitas vezes, a mídia divulga como verdade fatos que carecem de confirmação. A chamada "epidemia de crack", por exemplo, é uma dessas situações. É comum que os adolescentes conheçam bastante sobre maconha; suas informações costumam ser corretas, embora muitas vezes possam estar superdimensionadas. Quando os pais se propõem a conversar, devem estar munidos de conhecimentos claros, fundamentados e científicos. Não adianta dizer para o seu filho que "a maconha queima neurônios" se o amigo dele fuma e continua pensando e agindo normalmente. Há sites, livros e profissionais que podem fornecer dados sobre o que é a maconha, seus efeitos e as consequências que seu uso pode acarretar.

4. *Focar na droga*: nas conversas mais acaloradas, os pais dedicam muito tempo falando sobre a maconha. "A maconha faz você ficar abobado", "Daqui a pouco você vai estar fumando crack", "Você pode se matar" são frases comuns. Mas, enquanto se fala sobre a droga, dá-se pouco espaço para compreender o que está

26 AS FAMÍLIAS E O USO DE MACONHA

acontecendo com o consumidor. Como ele está? Tem algum problema sério? Como aconteceu a experimentação? Pode ser que o adolescente não responda imediatamente a todas essas questões, mas essa deve ser a preocupação dos pais.

5. *Tomar o filho como drogado*: existem muitas maneiras de usar maconha, e, antes de tomar qualquer atitude, é preciso avaliar, ou seja, conhecer como aquele jovem a usa. Se parece óbvio que existe uma grande diferença entre aquele que fumou na praia nos feriados e o outro que fuma todo dia antes de ir para a aula, nem sempre isso é assim tão claro quando se trata do "nosso filho". O tipo de relação que se estabelece com a droga é o elemento que vai definir a gravidade do que acontece, e as medidas que vão ser tomadas dependem de quão comprometedora é a situação.

6. *Confrontar*: muitos pais imaginam que confrontar o filho com todos os seus comportamentos vai intimidá-lo e, assim, ele vai parar de fumar maconha. Embora os pais possam ficar tentados a dizer "todas as verdades", devemos lembrar que acusações geram defesas! É comum que os usuários neguem ou minimizem o uso de drogas, pelo menos incialmente. Humilhar, culpabilizar, amedrontar só vai fazer com que o jovem fique acuado e esconda ainda mais o que acontece. Uma atitude firme, calorosa e de aproximação pode facilitar a troca. Os pais devem sempre deixar clara sua posição e sua não concordância sobre o uso de maconha e lembrar que conhecer não é julgar. Dar limites, orientar e apoiar o filho estabelece um relacionamento muito mais produtivo.

7. *Tomar atitudes extremas*: muitos pais reagem impulsivamente, o que tem consequências sérias para os filhos e para eles mesmos.

B. foi procurar ajuda porque não conseguia parar de fumar maconha. Era uma jovem triste, que não con-

fiava em si mesma. Tinha poucas relações e não se achava capaz de fazer alguém feliz. Quando tinha 14 anos, os pais descobriram que ela estava fumando maconha. Em algumas semanas e sem aviso prévio, mudaram de bairro e os filhos, de escola. Os irmãos reagiram muito mal e passaram a culpar B. por terem perdido a turma e os amigos. Um deles, inclusive, ficou sem falar com ela por um ano. Até hoje ela se sente culpada pelos problemas que os irmãos tiveram.

Mudar de casa, afastar o filho da escola ou do seu grupo de amigos são atitudes drásticas que, geralmente, trazem mais problemas que benefícios. A maconha existe na cidade toda, e as chamadas "más companhias" não são responsáveis pelo uso individual. O mesmo motivo que leva pessoas que fazem esportes a conviver com jogos e atletas é válido para quem usa drogas. Se eu fumo maconha, é muito natural que esteja com pessoas e frequente lugares onde o uso seja permitido e incentivado. Existem casos em que, apesar de todas as tentativas, o jovem recusa-se a conversar, tratar-se, ou continua usando maconha cronicamente. A família fica paralisada, sentindo-se impotente, e, muitas vezes, todos se descontrolam e ficam muito violentos. Quando os pais não sabem o que fazer, devem buscar ajuda especializada. Dessa forma, podem ser escutados e orientados sobre as formas de abordagem e sobre o que estão fazendo que pode estar dificultando ou mesmo mantendo o uso da maconha. Além disso, ao procurar ajuda, os pais mostram que reconhecer fragilidades é uma atitude adulta e madura. Crianças são levadas ao pediatra, não vão sozinhas ao médico! Pais que vão ao tratamento mostram ao jovem que têm problemas com o abuso de maconha, que estão dispostos a participar do seu processo e comprometidos com a vida do filho.

Enfim, é necessário compreender e se aproximar da pessoa que está usando drogas. Se a maconha pode ser só uma experiência passageira, seu uso crônico leva ao sofrimento. Não há culpados! Existem responsabilidades que devem ser cuidadas.

Referências

JACOBINA, R. R.; NERY FILHO, A. *Conversando sobre drogas.* Salvador: EDUFBA, 1999.

MEYER, M. et al. *Guia para a família*: cuidando da pessoa com problemas relacionados ao álcool e outras drogas. São Paulo: Atheneu, 2004.

ZEMEL, M. L. S.; SADDI, L. *Alcoolismo.* São Paulo: Blucher, 2015. (Série O que fazer?)

2. O uso da maconha por adolescentes: entre prazeres e riscos, "o barato que sai caro!"

Maria Fátima Olivier Sudbrack[1]

A maconha é a droga ilícita mais experimentada pelos adolescentes, e o seu consumo no Brasil vem se dando cada vez mais precocemente. Em minha trajetória como terapeuta de famílias, essa precocidade no uso recreativo e frequente tem sido motivo de muitos desafios na clínica de adolescentes. Uma das principais polêmicas sobre a maconha tem sido quanto ao seu poder de gerar dependência, o que se tornou inquestionável, sobretudo em relação à dependência psíquica.

---

1 Psicóloga pela Universidade Federal do Rio Grande do Sul (UFRGS); mestre em Psicologia Clínica pela Pontifícia Universidade Católica do Rio Grande do Sul (PUC-RS); doutora em Psicologia pela Université Paris XIII; pós-doutora em Psicossociologia pela Université Paris VII. Professora titular da Universidade de Brasília (aposentada); docente, pesquisadora e fundadora do Programa de Estudos e Atenção às Dependências Químicas (Prodequi) do Programa de Pós-Graduação em Psicologia Clínica e Cultura da Universidade de Brasília. Membro e ex-presidente da Associação Brasileira Multidisciplinar de Estudos sobre Drogas (ABRAMD); membro do Coletivo Intercambiantes Brasil – Núcleo Distrito Federal. Atualmente, atua como terapeuta de famílias e consultora da Fiocruz Brasília na coordenação do Projeto de Prevenção do Uso de Álcool e Outras Drogas no Território Educacional.

Sabemos que a experimentação de drogas nem sempre implica uso prejudicial, tampouco gera dependências, e precisamos desconstruir o mito de que a maconha é a porta de entrada para as "drogas pesadas". Os adolescentes buscam seus efeitos prazerosos relaxantes e alucinógenos, inclusão no grupo de amigos, sendo o uso da maconha associado a momentos de lazer e ao convívio nas turmas e redes sociais.

O que buscam os adolescentes que usam maconha?

> *"Fazer sexo fica mais gostoso."*
>
> *"Fico mais sensível e relaxado."*
>
> *"Meus amigos usam, é coisa de turma."*

"Barato" é o nome que se dá à sensação gerada pela maconha. Este efeito compreende desde simples relaxamento até distorção da percepção, podendo causar alucinações. Como qualquer outra droga, os efeitos dependem de uma série de fatores: quantidade usada, combinação com o uso de outras drogas, fatores relativos ao ambiente, ao estado emocional do usuário – até expectativas quanto aos efeitos da droga no momento de uso ou na vida também devem ser considerados.

Algumas pessoas, ao usar maconha, se sentem mais soltas, falam bastante, riem à toa. Outras ficam ansiosas, amedrontadas e confusas. A mesma pessoa pode, de um momento para outro, experimentar efeitos diferentes. Em altas doses, a possibilidade de experimentar sensações desagradáveis aumenta, podendo gerar confusão mental, paranoia (sensação de estar sendo perseguido), pânico e agitação. É possível também ocorrer alucinações.

É importante pensar no adolescente (sujeito) que usa a maconha (produto) dentro do seu contexto (família, escola, grupos, sociedade). Os prazeres e o risco do uso da maconha, assim como das demais drogas, dependem das condições desse encontro de um sujeito com um produto em determinado contexto.

O sujeito adolescente

Quais são os prazeres procurados e prometidos (vendidos) ao adolescente?

Os fatores associados ao uso problemático da maconha, em princípio, não diferem daqueles associados às demais drogas e são: fatores psicológicos, socioeconômicos, escolares e familiares (de transmissão intergeracional), o círculo de amigos, o marketing e a publicidade, bem como a cultura em que estamos inseridos, que prega prazeres imediatos e recompensas consumistas.

Cabe, no entanto, atenção à sensibilidade dos adolescentes aos efeitos da *Cannabis*: o barato sai caro!

Adolescer é um processo difícil. Todos nós, pais, educadores e sociedade, precisamos ter melhor consciência das necessidades do adolescente e de nossa responsabilidade com as condições de pleno desenvolvimento deles. Além de um processo pessoal de transformação do corpo, da mente e das emoções, *a adolescência representa se inserir em uma cultura*, ampliar as referências, sair do núcleo familiar em direção à sociedade. Neste sentido, cabe a reflexão:

- Qual sociedade estamos oferecendo para os adolescentes viverem? Como estamos apresentando o mundo para nossos filhos?

- Qual é a cultura na qual queremos inseri-los?

- O que estamos promovendo como referências para recebê-los como adultos em nossa sociedade? Quais valores e expectativas? Quais modelos e exemplos?

O uso muito precoce da maconha pelos adolescentes está banalizado na sociedade atual. Vivemos numa *"cultura aditiva"*, isso quer dizer que nossa sociedade está permeada pela busca de soluções imediatistas por meio da ingestão de alguma substância química (medicamento ou droga), gerando alívio ou efeitos prazerosos.

O comportamento aditivo se relaciona à atitude, incessante, de buscar soluções mágicas, de apaziguar angústias e de minorar os sofrimentos. Por exemplo, podemos ser *adictos* às drogas, ao jogo, ao consumismo, ao sexo e até ao estudo ou ao trabalho; são comportamentos, respostas, face à ansiedade, à dor física ou mental, que levam à compulsão em virtude de sua insistência. Diante da pressão de um impulso ou de sua frustração, em relação a inúmeras variáveis que atormentam o sujeito, no lugar de conectar-se consigo mesmo, por meio de uma reflexão, ele foge de emoções e sentimentos. É uma reação para fora, e não uma busca de conhecimento sobre si mesmo.

Se vivemos em uma cultura aditiva, como faremos para que os adolescentes sejam críticos aos apelos da sociedade de consumo na qual a droga emerge como marca de pertencimento à sociedade, à família ou ao grupo de amigos?

O encontro do adolescente com a droga maconha

Devemos diferenciar uso experimental, recreativo e ritualístico do consumo frequente, do uso prejudicial e da dependência da maconha.

Mesmo o uso recreativo e, por vezes, o uso experimental, podem configurar uma situação de risco se considerarmos o contexto desse uso e se o adolescente tiver uma estrutura psicopatológica propensa à psicose (isso será tratado no Capítulo 12, mas vale destacar que essa estrutura viria à tona com o uso da maconha ou de qualquer outra droga). Por essa razão, nos referimos ao *consumo de risco*, que vai muito além da quantidade ou frequência do consumo.

Além dos efeitos sobre a memória, a atenção e a concentração, o uso prolongado de maconha pode gerar uma síndrome "amotivacional" (desligamento, falta de vontade de realizar atividades, indiferença face às demandas e responsabilidades do cotidiano). A dificuldade nas atividades escolares e profissionais, associada à pobreza de criatividade e à indiferença afetiva, também é característica dos efeitos do uso dessa droga.

Uma das questões mais frequentes quando conversamos com jovens ou quando damos palestras aos pais e professores é a seguinte:

A maconha pode causar dependência?

A primeira experiência agradável com qualquer droga pode influenciar a continuidade de seu consumo, favorecendo sua regularidade. O consumo eventual, o consumo regular e até o abuso não necessariamente levam à dependência. O resultado da interação do sujeito com a droga está associado ao estado emocional, ao ambiente e ao produto consumido. Mas, cabe chamar a atenção para o fato de que a experimentação e o uso recreativo aumentam o risco se estes forem precoces.

O jovem que usa maconha pode vir a aumentar a quantidade de droga consumida para obter o mesmo efeito (tolerância), mas também pode conseguir diminuir essa quantidade por iniciativa própria. A dependência no uso da maconha se manifesta pelo desejo de usá-la compulsivamente, embora ela possa ser retirada do organismo sem necessidade de medicação.

Pessoas que usam maconha por muitos anos para lidar com o estresse têm dificuldade de parar de usá-la. Nesses casos, como em outros, a droga pode tomar o lugar de medicações psiquiátricas que poderiam ter prescrição – se assim for, procurar o auxílio de um médico se faz necessário, pois a interrupção abrupta da droga pode acionar a "patologia que estava sendo medicada".

Sabemos que a adolescência é um período de particular vulnerabilidade para os distúrbios cognitivos e para os riscos de manifestação de distúrbios psíquicos importantes.

Se seu filho está fazendo uso continuado de *Cannabis,* e está apresentando algum distúrbio, procure um profissional que possa ajudá-lo.

Quais são os riscos específicos de usar maconha na adolescência?

Os riscos e prejuízos do uso precoce da maconha não devem ser banalizados. Os efeitos das substâncias psicotrópicas são especialmente prejudiciais na fase adolescente pela condição de maturação neurológica, endocrinológica, sexual, entre outras, vivida pelo sujeito. O uso de maconha na adolescência se torna prejudicial porque interfere no desenvolvimento físico e emocional que caracteriza essa etapa de vida. Hábitos e comportamentos aditivos adquiridos muito cedo tendem a se manter no repertório de vida da pessoa, gerando o que denominamos uma *conduta aditiva*, ou seja, recorrer aos efeitos da droga no cotidiano impede que o adolescente adquira habilidades de enfrentamento da realidade, com dificuldades de suportar situações de tensão, frustração e tédio que fazem parte da vida.

É importante considerar que a maconha é uma droga alucinógena que atua no sistema nervoso e que, por sua condição ilegal, implica consequências judiciais e policiais para os seus consumidores. O consumo precoce e abusivo de maconha por um período prolongado apresenta diversos riscos cognitivos, podendo prejudicar a memória e a habilidade de processar informações complexas. Pode, ainda, irritar o sistema respiratório do usuário, pela constante presença da fumaça nos pulmões, e há a possibilidade de desenvolver câncer de pulmão, uma vez que a maconha tem o mesmo teor de alcatrão que os cigarros de tabaco.

A literatura aponta os seguintes comportamentos de risco e prejuízos associados ao uso da maconha na adolescência:

- Existe correlação positiva entre o uso de maconha e diversos comportamentos de "passagem ao ato" (tentativas de suicídio, bulimia, comportamentos sexuais de risco), em virtude do aumento da desinibição comportamental.

- Os transtornos de comportamento que seguem ao momento do uso da maconha, relativos à atenção, ao tempo de reação (perda de reflexos) e à memória, são associados a distúrbios de coordenação. Esses transtornos aumentam o risco de acidentes.

- O uso da maconha, como de qualquer outra droga, em idade precoce pode precipitar o desencadeamento de distúrbios psiquiátricos, quando existe predisposição.

O adolescente em contextos de risco pelo uso da maconha

O contexto em que vive o adolescente apresenta tanto situações de risco como de proteção para o uso da maconha. Introduzimos aqui um conceito sistêmico de dependência que amplia a visão mais comum, que considera apenas a relação do sujeito com a droga, ou seja, os riscos associados aos efeitos psicoativos, para uma perspectiva de dependências de contexto. A complexidade das situações e das relações que um adolescente pode obter com a droga pode ser avaliada em seis níveis de dependência:

1. *Dependência do produto*: vivemos um momento pleno de contradições na sociedade atual em relação à maconha: por um lado, movimentos pela descriminalização dos usuários de maconha e, por outro, posturas repressoras, que levam a propostas de intensificação dos mecanismos de controle e das políticas securitárias, focando na segurança e controle dos cidadãos e dos usuários em detrimento da busca de saúde, educação, assistência.

Por um lado, avançamos em direção ao uso medicinal dos canabinoides, mas o projeto de descriminalização do uso recreativo da maconha ainda é muito polêmico, e o debate necessita aprofundar-se em todos os segmentos da sociedade, tratando de forma separada as questões do uso medicinal e do uso recreativo. Este contexto de debate sobre a liberação do uso recreativo da maconha nos traz um importante desafio em relação aos adolescentes, que são suscetíveis a posturas de liberdade:

- Qual seria a percepção de riscos do uso da maconha no contexto da sua descriminalização?

- Quais seriam os dispositivos preventivos e de atenção aos adolescentes (na família, na escola e na comunidade) que substituiriam a simples repressão ou a condenação penal dos usuários de maconha?

A dimensão jurídica ou repressora está longe de ser o principal fator de inquietude em relação ao uso da maconha por adolescentes. Chamamos a atenção de pais e educadores para certa "glamourização do uso da maconha" que nem sempre considera, por exemplo, os riscos associados à qualidade do produto. Vemos um mercado em plena ascensão quanto a tipos de cultivo, com maiores teores de concentração do THC, maconha associada a outras ervas, ao tabaco orgânico, enfim, uma imensa gama de opções num mercado cada vez mais especializado e livre, e que insiste em convencer que "maconha não faz mal". Constata-se que o cultivo doméstico da *Cannabis* já é uma realidade entre os adolescentes de muitos países, e podemos afirmar pela nossa experiência na clínica de adolescentes que isso também está ocorrendo no Brasil.

2. *Dependência nas relações familiares*: o uso de drogas na adolescência adquire especial significado no contexto das relações familiares e, muitas vezes, torna-se um sintoma da dinâmica familiar. Chamamos isso de *pseudoindividuação do adolescente* – indicativo de que o uso de drogas pode ser visto como um sintoma que adquire força e sentido no processo de autonomia do adolescente. O jovem passa a usar maconha para mostrar que já é "adulto", que já está inserido na cultura do grupo mais velho e mais independente dos pais; ele quer ter outra "linguagem", outra forma de prazer. No entanto, quando o consumo se torna prejudicial, o adolescente acaba retornando à família, que o acolhe em uma postura de cuidados que o infantilizam e fazem regredir seu processo de construção de autonomia. Nesse sentido, a maconha pode tornar-se uma verdadeira "armadilha" no processo de conquista da autonomia do adolescente em relação à família.

3. *Dependência dos pares de consumo*: o pertencimento a um grupo de pares constitui espaço vital e mediador no desenvolvimento do adolescente rumo à sua inserção como adulto na sociedade. No entanto, se o grupo frequentado ficar limitado à disponibilização e ao consumo de drogas, perderá sua função saudável e passará a ter um fim em si mesmo, deixando de ser o *objeto transicional* para desempenhar o papel de um "grupo perverso"

que impede o processo de amadurecimento do adolescente para assumir seu papel adulto na sociedade. Essa dimensão da dependência da maconha é uma das mais difíceis de ser trabalhada e até defendida como prevenção, pois impacta a conquista do processo de autonomia e de construção de fortes vínculos afetivos estruturantes na vida de todos nós, e em especial do adolescente: a galera, a turma, enfim, os amigos.

4. *Dependência do provedor*: refere-se à dependência de quem o sustenta financeiramente, ou seja, da vinculação do adolescente com quem é sua fonte de custeio da droga. A oferta da maconha gratuitamente pelos "amigos" constitui estratégia sutil de iniciação ao uso, e que o adolescente nem sempre reconhece como um risco para sua posterior dependência ao provedor. No caso da maconha, essa dimensão se reveste de especial risco pelo fato de que se trata de pagar por um produto ilícito que introduz o adolescente no mundo da ilegalidade, expondo-o ao sistema de controle judicial e policial. O comércio de drogas ilícitas representa o principal aspecto do que se denomina "a violência do mundo das drogas". Precisamos desconstruir a relação drogas-violência, que estigmatiza o usuário como autor de violência. No entanto, não se pode negar nem minimizar o quanto um adolescente se coloca em risco pelo simples fato de consumir maconha ou qualquer outra droga ilícita, infelizmente.

Adolescentes não têm meios próprios de custeio e facilmente se submetem aos mecanismos perversos do tráfico, que os explora e alicia com muita frequência, oferecendo muito mais do que a droga: *status*, poder, segurança, referência e até figuras de autoridade e autoestima. Esse mundo paralelo no qual o usuário de drogas ilícitas passa a viver constitui fonte de inúmeros conflitos, especialmente com a família, da qual se afasta gradativamente. Tal afastamento da família, pelo medo de assumir seus atos no mundo ilícito, contribui para sua maior vinculação a quem garante o pagamento do produto, num círculo vicioso difícil de sair. Dívidas com o tráfico representam hoje o principal fator de risco para a morte de adolescentes no contexto da pobreza, os quais ficam, assim, submissos ao que temos denominado de uma "dupla exclusão".

Precisamos, antes de tudo, descriminalizar os usuários, mas o que é mais difícil é a regulação do comércio de drogas sem violência – para aqueles que acabam "pagando com suas próprias vidas", ou com sua própria juventude, na medida em que concentram cada vez mais seus esforços em torno de se proteger da violência desse contexto, sempre muito perverso e arriscado. Por vezes, o contexto da transgressão representa atrativo ao adolescente, por sua condição de contestador e de fascínio pelo enfrentamento da autoridade e também pela condição de marginalidade. No entanto, os riscos são cada vez maiores, e a proteção da Justiça ainda deixa a desejar nesse sentido, apesar de o Estatuto da Criança e do Adolescente (ECA) prever que crianças e adolescentes envolvidos com drogas devem ser tratados com medidas protetivas, sob a proteção do Estado pela condição de risco.

5. *Dependência do fornecedor*: os chamados *"canais"* para obter a maconha representam especiais contextos de risco para o adolescente que, pela condição de ilicitude da droga, fica associado a ambientes clandestinos. As relações com esses fornecedores que promovem a distribuição da droga tornam-se arriscadas, dependendo dos locais e condições da venda. Nem sempre a qualidade do produto é garantida e, à medida que a quantidade de consumo aumenta, as dívidas com os fornecedores podem se tornar especialmente problemáticas para o adolescente e para os familiares.

Antes de passarmos ao sexto nível de dependência, abordaremos os riscos das dependências de contexto (ou seja, em relação ao provedor e ao fornecedor) em situações de pobreza. É o que chamamos de *dupla exclusão*.

Considerando-se a diversidade das infâncias, adolescências e juventudes brasileiras, precisamos fazer referência à especificidade dos riscos do uso de maconha por adolescentes em *contexto de pobreza e vulnerabilidade social*.

Os riscos atrelados às dependências de contexto relacionadas ao provedor e ao fornecedor atingem de forma especial uma parcela considerável dos adolescentes brasileiros que, lamentavelmente, se envolvem com o mercado de distribuição de drogas, entre elas, a maconha, configurando o que muito bem já foi descrito como uma "relação perversa". Entendemos que essas crianças e adolescentes jamais deveriam ser considerados traficantes, tampouco ser alvos de medidas repressoras e sancionatórias, na medida em que têm direito às políticas protetivas pela situação de risco configurada e também pela reconhecida condição de exploração do trabalho infantil à qual estão submetidas.

6. *Dependências de crenças*: desde a banalização dos prejuízos do uso até os apelos para o consumo, passando pela influência dos pares e das redes sociais, todas essas relações constroem crenças que merecem ações rumo a uma consciência crítica e a uma postura resiliente face aos atrativos e aos apelos para o uso da maconha. Discursos como "maconha não faz mal", "maconha é medicinal", "maconha é natural, pois vem de uma planta" revelam crenças ingênuas e transmitidas de forma irresponsável. Vivemos um momento de muitas mudanças, de construção de novos contextos e representações, os quais precisamos avaliar e considerar nas ações preventivas e de abordagem clínica dos adolescentes.

Se, por um lado, constatamos a ineficácia das medidas de criminalização do usuário, por outro, coloca-se fortemente na sociedade brasileira o desafio de medidas preventivas que devem ser de natureza educativa e sanitária, fortalecendo os adolescentes não apenas para dizer *não às drogas*, mas sobretudo para dizer *sim à vida* e à vivência desta importante fase.

Do ponto de vista da sociedade, família e escola, é fundamental desconstruir a imagem social negativa do jovem consumidor como "maconheiro", "delinquente" "marginal" ou "desqualificado", pois esses estigmas contribuem para o afastamento e isolamento do jovem, dificultando o necessário diálogo e reflexão sobre a experiência com a droga por parte da família, da escola e dos próprios serviços de saúde.

Considerações finais: por uma responsabilização coletiva pela prevenção do uso de drogas por adolescentes

Quais são os desafios na prevenção do consumo de maconha por adolescentes?

A literatura brasileira é significativa e muito qualificada sobre a mudança de paradigma e a importância da prevenção. Mister se faz transpormos o discurso da guerra às drogas, que gera paralisia para o modelo da educação para a saúde que mobiliza e articula os diversos atores envolvidos, numa complementaridade de saberes e de fazeres.

Acreditamos que a prevenção é responsabilidade de todos, com especial ênfase na família e na escola como espaços paradoxais de risco e de proteção. A formação de educadores para a prevenção do uso de drogas constitui importante eixo na política sobre drogas que se desenvolve numa histórica iniciativa do governo federal em parceria com a Universidade de Brasília (Programa de

Estudos e Atenção às Dependências Químicas – Prodequi). Mais recentemente, esta parceria se ampliou no governo, envolvendo a Secretaria Nacional de Segurança Pública do Ministério da Justiça (Senasp/MJ) e também a Fiocruz Brasília num esforço para a promoção de saúde e segurança na escola.

Finalizamos convidando os leitores a participar da prevenção do uso de drogas na adolescência, lançando seus principais desafios:

- considerar, além de fatores pessoais do adolescente, os contextos de uso de risco e os contextos de risco para o uso da maconha e outras drogas;

- desenvolver as resiliências individuais, familiares, institucionais e comunitárias para o enfrentamento das situações da oferta e da demanda do uso de drogas;

- incluir a família, a escola e a comunidade nos programas de prevenção;

- fortalecer competências de acolhimento e de atenção especializada para adolescentes usuários de drogas em serviços de atenção secundária da rede pública e privada de saúde;

- investir na escola como contexto protetivo privilegiado, formando educadores para a promoção da atenção à saúde integral do adolescente;

- desenvolver ações preventivas nos diferentes contextos de socialização do adolescente para a abordagem de situações-problema, relacionadas ao envolvimento de adolescentes com drogas e drogadição;

- investigar a percepção de risco do uso da maconha no contexto da legalização do uso recreativo dessa droga.

Referências

BRASIL. Senado Federal. *Relatório Técnico de comissão de estudos sobre uso da maconha*. Brasília, 2016.

CARLINI, E. ; NAPPO, S. et al. *Livreto informativo sobre drogas psicotrópicas*. Senad/MJ; Cebrid/Unifesp, 2012.

CARLINI, E.; RODRIGUES, E.; GALDURÓZ, J. C. E. *Cannabis sativa L.*: substâncias canabinoides em medicina. 5. ed. São Paulo: Cebrid/Unifesp, 2005.

CAVALCANTE, A. M. *Drogas*: esse barato sai caro. 2. ed. Rio de Janeiro: Rosa dos Tempos, 2000.

COLLE, F. X. *Toxicomanies, systèmes et familles*: où les drogues rencontrent les emotions. Paris: Erès, 1996.

COLLE, F. X. *Drogues en vente libre*: pour où contre la dépénalisation? Paris: ESF, 2000.

DALBOSCO, C.; VEIGA, J.; SUDBRACK, M. F. O. *Prevenção ao uso de álcool e outras drogas no contexto escolar e outros espaços*: fortalecendo as redes sociais e de cuidados. Brasília: Technopolitik, 2019.

EHRENBERG, A. *La fatigue d'être soi*: dépression et société. Paris: Odile Jacob, 1998.

MISSION INTERMINISTÉRIELLE DE LUTE CONTRE LES DROGUES ET TOXICOMANIES (MILDT). *Conduites adictives chez les adolescents* (Relatório europeu sobre toxicomanias). Paris, 2014.

OLIEVENSTEIN, C. A clínica da toxicomania. Porto Alegre: Artes Médicas, 1987.

PEREIRA, S. E. N. F.; SUDBRACK M. F. O. Drogas e tráfico: o desafio da escola na construção de redes de proteção ao adolescente. In: DALBOSCO, C.; VEIGA, J.; SUDBRACK, M. F. O. (org.). *Prevenção ao uso de álcool e outras drogas no contexto escolar e outros espaços*: fortalecendo as redes sociais e de cuidados. Brasília: Technopolitik, 2019.

ROQUES, B. *La Dangerosité des Drogues*. Paris: Odile Jacob, 1999.

SUDBRACK, M. F. O. A escola em rede: a prevenção da drogadição no paradigma do trabalho comunitário e da prática de redes. In: DALBOSCO, C.; VEIGA, J.; SUDBRACK, M. F. O. (org.). *Prevenção ao uso de álcool e outras drogas no contexto escolar e outros espaços*: fortalecendo as redes sociais e de cuidados. Brasília: Technopolitik, 2019.

SUDBRACK, M. F. O. et al. (org.). Drogas e transição de paradigmas: compartilhando saberes e construindo fazeres. *Anais do V Congresso Internacional da Associação Brasileira Interdisciplinar de Estudos sobre Drogas (ABRAMD)*. Brasília: Technopolitik, 2018.

SUDBRACK, M. F. O.; CONCEIÇÃO, M. I. G. Adolescentes e abuso de drogas no contexto da justiça: construindo intervenções complexas para situações complexas. In: SILVA, E. A.; DE MICHELI, D. *Adolescência, uso e abuso de drogas*: uma visão integrativa. São Paulo: FAP-Unifesp, 2012.

UNIVERSIDADE DE BRASÍLIA; BRASIL. Secretaria Nacional Antidrogas do Ministério da Justiça. *Prevenção ao uso indevido de drogas*: diga sim à vida. Brasília: UnB, 2000.

WINNICOT, D. W. *O brincar e a realidade*. Porto Alegre: Artes Médicas, 1985.

ZALUAR, A. *Integração perversa*: pobreza e tráfico de drogas. Rio de Janeiro: FGV, 2004.

3. O uso da maconha e a prevenção

Maria de Lurdes de Souza Zemel[1]

Ao falar em uso de drogas psicoativas, pensamos numa equação complexa, com muitos elementos envolvidos. Consideramos a realidade social, política e ética, ou seja, a cultura de determinado grupo, família ou sociedade. Observamos valores, crenças, dinâmicas e formas de organização. Admitimos também a relevância da condição psíquica dos indivíduos que usam as drogas e, não menos importante, a oferta das substâncias.

Para a questão da oferta de drogas, por exemplo, fala-se em repressão, que é uma política contrária à política educacional ou preventiva. A repressão é uma atividade externa ao indivíduo, imposta a ele, decidida por outro que supostamente sabe o que é bom e o que é mal para todos, indiscriminadamente. A repressão faz

---

1 Psicóloga, psicanalista da Sociedade Brasileira de Psicanálise de São Paulo (SBPSP), terapeuta de família e membro da Associação de Psicanálise de Casal e Família e da Associação Paulista de Terapia de Família, membro fundador da Associação Brasileira de Estudos sobre Drogas (ABRAMD). Coautora dos livros *Liberdade é poder decidir: uso de drogas* (FTD, 2000) e *Alcoolismo* (Blucher, 2015). Membro do Coletivo Intercambiantes Brasil – Núcleo São Paulo.

sentido quando está voltada para a droga, mas não quando pensamos na condição do indivíduo. Deve-se fazer repressão nas fronteiras, ao tráfico, à distribuição, mas não em relação ao uso e às formas de usar drogas. Quando falamos em pessoas, tratando da questão do uso de drogas, há sempre uma variável complexa e imaterial que os métodos de repressão não alcançam.

Em relação ao tratamento, a atividade repressiva está ligada à proposta de abstinência total. Claro que algumas pessoas têm a recomendação de fazer abstinência. Isso serve para algumas pessoas, não a todas. A ideia de propor que todos os indivíduos devem ser abstinentes está de acordo com a ideia de um mundo livre de drogas: eliminar o mal ou eliminar os usuários como se fossem eles os causadores do mal.

Já a prevenção é uma atividade voltada para a condição da pessoa. Ou pelo menos deveria ser. *Estamos aqui tratando especificamente da prevenção ao uso da maconha.*

Há questões complexas, por vezes paradoxais, em relação ao uso da maconha nos dias de hoje. Por um lado, existe boa dose de demonização, como se estivéssemos nos anos 1960, quando se acreditava que a maconha era a porta de entrada para todas as drogas. Por outro, luta-se a favor da liberação de alguns canabinoides para uso medicamentoso. Medicação com eficiência científica comprovada.

Muitos psiquiatras ainda se utilizam do conceito de que maconha causa dependência física e sempre é um grande problema na vida de todos, o que justifica internações em suas próprias clínicas. Não pensam nem sabem lidar com a prevenção, que é o que nos interessa.

Do meu ponto de vista, *não existe prevenção unicamente para o uso da maconha.* A não ser que identifiquemos que determinada comunidade está usando maconha e isso traz prejuízos a ela – este é um princípio da prevenção: identificar a necessidade do grupo a ser trabalhado. Desconheço que um especialista tenha sido chamado para fazer prevenção em uma comunidade pelo uso excessivo de maconha, mas, sim, eu própria já fui chamada para fazer prevenção em uma comunidade de usuários de álcool (trabalhadores rurais, em um local onde se implantava a reforma agrária), de usuários de crack (na Cracolândia), ou de jovens que se injetavam e entupiam as privadas de determinada faculdade com suas seringas.

Do ponto de vista de um indivíduo, se o uso de maconha está trazendo prejuízo, podemos examinar a característica do uso: é ritualístico, compulsivo, *solitário?*

Outro princípio importante da prevenção é considerar as propostas preventivas como únicas e específicas. São propostas baseadas em diagnóstico; examina-se a vulnerabilidade de determinada pessoa ou grupo. As ações preventivas serão decorrentes da avaliação diagnóstica.

O uso ritualístico de qualquer droga é um uso protetor. Nos anos 1960/1970, o uso da maconha, especialmente, era feito em "rodas de fumo", e isso protegeu seus usuários. Todos usavam juntos, com um objetivo grupal; usava-se a droga em conjunto. Era época do *uso* da maconha. Hoje estamos em época de *consumo*, não mais de uso. Somos consumidores. Esse é um problema da sociedade atual. Os jovens são estimulados ao consumo de diferentes produtos e não sabem fazer bons usos deles, inclusive das drogas. O uso religioso de algumas drogas, como do santo daime, também é protetor quando realizado adequadamente dentro do ritual religioso; por isso, ele foi aprovado pela própria Secretaria Nacional de Políticas sobre Drogas (Senad), por meio de estudos científicos.

Aqueles que têm traços de personalidade compulsivos usam compulsivamente a droga. Os indivíduos com tendência à compulsão podem usar de forma compulsiva não apenas drogas, mas também comida, trabalho, sexo, amor, quase tudo que venham a usar, fazer ou realizar pode adquirir forma compulsiva. Portanto, quem tem esses traços deve ser muito cuidadoso com o uso de drogas, porque certamente incorrerá em abuso. O diagnóstico detectará a vulnerabilidade.

A vulnerabilidade passou a ser considerada nos programas de prevenção quando focam a pessoa. Quando o foco é o indivíduo, fala-se em "redução de danos". A vulnerabilidade não é estática e pontual, assim como os programas de prevenção não devem ser. Podemos estar mais vulneráveis ao uso de uma droga se estamos sofrendo determinada pressão econômica ou social, por exemplo, ou passando por determinado problema pessoal. Essa é a justificativa para que os programas preventivos sejam de longa duração e se iniciem desde a educação infantil nas escolas. Como a vulnerabilidade é flexível, as práticas e ações preventivas também devem ser flexíveis.

Perceber e reduzir a vulnerabilidade é um dos focos do programa que se realiza quando o cuidar de si próprio é promovido. Promover o cuidar de si mesmo, formular programas preventivos para reduzir o uso abusivo e para melhorar os cuidados com a saúde física e psíquica estão no escopo da redução da vulnerabilidade, bem como saber que é impossível acabar com o uso e com o consumo de drogas.

As práticas preventivas devem ser realizadas especialmente nas escolas, por educadores formados, que adquiriram conhecimento científico. Não é atividade para pessoas bem-intencionadas, mas, infelizmente, despreparadas. A formação deve ser continuada e acompanhada por alguma instituição de credibilidade na área.

A responsabilidade e o conhecimento dos agentes de prevenção é mais uma das variáveis a se considerar quando se trata do uso ou abuso de drogas.

Para que um profissional realize um projeto de prevenção, é preciso que conheça a droga e a população e/ou indivíduo objeto da ação. É necessário que planeje essa ação e realize um trabalho contínuo. Falamos em ações constantes, jamais únicas ou isoladas. Portanto, o trabalho de prevenção não pode ser confundido com uma visita ou uma palestra. Aqueles que trabalham com prevenção precisam conhecer seus próprios preconceitos para que o trabalho seja baseado em dados científicos.

Referências

CARLINI, E. A. *Maconha (Cannabis sativa)*: mito e realidade, fatos e fantasia. São Paulo: Ground, 1986.

CARLINI, E. A. A história da maconha no Brasil. *Jornal Brasileiro de Psiquiatria*, Rio de Janeiro, v. 55, n. 4, p. 314-317, 2006.

CARNEIRO, E. *Drogas*: a história do proibicionismo. São Paulo: Autonomia Literária, 2018.

CAVALLARI, C. D. Discursos preventivos e propostas visando à prevenção ao abuso e à dependência de drogas. In: FIGUEIREDO, R.; FEFFERMANN, M.; ADORNO, R. (org.). *Drogas e sociedade contemporânea*: perspectivas para além do proibicionismo. São Paulo: Instituto de Saúde, 2017.

CAVALLARI, C. D.; SODELLI, M. O professor, a prevenção e a redução de vulnerabilidade associada ao uso de drogas na escola. In: PINTO, T. C. R. (org.). *Educação preventiva*: teoria e prática. São Paulo: Instituto José Luis e Rosa Sundermann, 2009.

CAVALLARI, C. D.; SODELLI, M. Redução de danos e vulnerabilidades enquanto estratégia preventiva nas escolas. In: SEIBEL, S. *Dependência de drogas*. 2. ed. São Paulo: Atheneu, 2010.

MACRAE, E.; COUTINHO W. A. (org.). *Fumo de Angola*: canabis, racismo, resistência cultural e espiritualidade. Salvador: EDUFBA, 2016.

SODELLI, M. A abordagem de redução de danos libertadora na prevenção: ações redutoras de vulnerabilidade. In: SILVA, E. A.; DE MICHELI, D. (org.). *Adolescência, uso e abuso de drogas*: uma visão integrativa. São Paulo: FAP-Unifesp, 2011.

4. Vulnerabilidade no uso da maconha

Marcelo Sodelli[1]

Neste capítulo, vamos discutir a noção de vulnerabilidade e uso de maconha. A importância de conhecer este conceito está em romper com a ideia simplista de que o uso de risco e dependência de drogas é puramente questão da "vontade", quer dizer, uma decisão exclusivamente de ordem individual. Veremos que nossas decisões, por mais pessoais que sejam, já estão sempre apoiadas por uma compreensão de mundo, por uma compreensão que delimita o que é possível para aquele momento específico. Não há como pensar o uso de maconha fora de um mundo, fora de uma trama significativa.

Assim, a noção de vulnerabilidade revela como é complexa a relação do homem com as drogas. Com esse conceito, também é possível entender por que a prevenção pautada na "guerra às drogas" – modelo proibicionista – não consegue alcançar o seu objetivo de acabar com o consumo de drogas. Pensar na prevenção

---

1 Doutor em Psicologia da Educação, docente do curso de Psicologia da Pontifícia Universidade Católica de São Paulo (PUC-SP), psicólogo clínico.

apenas reproduzindo para os jovens o *slogan* "diga não às drogas", restringindo-se a ressaltar os malefícios do uso de drogas, é simplificar por demais essa questão e, justamente por isso, essa atitude preventiva fracassa.

Nessa direção, falar sobre o uso de risco e dependência de drogas evoca muito mais que conhecer somente aspectos farmacológicos dos psicoativos (drogas) ou novas estratégias/técnicas pedagógicas. Ao lidar com o fenômeno do uso de drogas, somos convocados a pensar sobre nós mesmos, sobre o ser humano e o mundo em que vivemos.

Isso quer dizer que, ao falar de drogas, estamos falando também das contradições da nossa sociedade, por exemplo, sobre a problemática das drogas lícitas (álcool, tabaco e remédios). Socialmente, temos demasiada tolerância em relação às drogas lícitas e um pavor exagerado das drogas ilícitas. Sabemos que tanto o uso do álcool como o uso da maconha podem acarretar sérios problemas, mas por que nossa preocupação se direciona quase exclusivamente para o uso de *Cannabis*?

Aqui, imagino que já deve estar clara a importância de conhecermos a noção de vulnerabilidade. Logo de início, vale ressaltar que a maior vulnerabilidade que temos é a falta de informação. Porém, vivemos num mundo onde não há falta de informação, mas, sim, excesso. Temos vários meios de comunicação, como TV, rádio, computador, celular, revistas, livros e o mar de profundidade infinita da internet. Temos informações de todas as ordens, de todos os lugares, a cada minuto. Estamos sempre correndo atrás das informações, estamos sempre desatualizados. Paradoxalmente, a maior vulnerabilidade da contemporaneidade é justamente experimentar um mundo onde há tanta informação que "saber" sobre tudo quase se transforma em "saber" sobre nada. Somos cada vez mais in-formados e cada vez menos formados. Um mundo onde a velocidade da informação é a prioridade é um mundo onde carece o tempo do pensar, é um mundo que tolhe o tempo da reflexão.

Então, antes de qualquer tentativa de definir a noção de vulnerabilidade, devemos nos atentar para o fato de que o seu principal horizonte é nos convocar para o pensamento meditativo, certamente crítico e reflexivo. A noção de vulnerabilidade acompanha o movimento dinâmico do ser humano no mundo; nesse sentido, o uso dessa noção deve buscar um caminho compreensivo e singular, afastando-se do uso técnico e explicativo das generalizações. Em outras palavras, a noção de vulnerabilidade explicita que os acontecimentos humanos nunca "são" de determinada maneira, mas, sim, "estão" se desdobrando deste ou daquele modo.

Historicamente, o termo vulnerabilidade é originário da área da advocacia internacional pelos Direitos Universais do Homem, e significa grupos ou indivíduos fragilizados, jurídica ou politicamente, na promoção ou garantia de seus direitos de cidadania. Essa expressão começou a ser mais usada na área da saúde, a partir da publicação, nos Estados Unidos, em 1992, do livro *Aids in the world*, trabalho que estabelece padrões de referência para a avaliação da vulnerabilidade à infecção pelo HIV. Procurou-se desenhar um mapa mundial das situações e contextos de vulnerabilidade e da dinâmica da pandemia, por meio da resposta específica das comunidades locais, das nações e da comunidade global, ao HIV/Aids, e das características sociais mais amplas dessas comunidades.

Foram definidos três planos interdependentes de determinação da vulnerabilidade:

- vulnerabilidade individual (cognitiva/afetiva e comportamento pessoal);

- vulnerabilidade social (contexto social) e;

- vulnerabilidade programática (programas, políticas públicas, leis).

Como apontado anteriormente, a noção de vulnerabilidade foi inicialmente pensada como forma de fornecer elementos para avaliar objetivamente as diferentes chances que todo e qualquer indivíduo tem de se contaminar pelo HIV, dado o conjunto formado por certas características individuais e sociais de seu cotidiano, julgadas relevantes para a maior exposição ou menor chance de proteção diante do problema, e se estendeu para outras questões, como a da violência nas relações de gênero e o uso de drogas. Assim, o quadro de vulnerabilidade pode ser compreendido, na tarefa preventiva ao uso de risco e dependência de drogas, da seguinte forma:

- *Componente individual*: a maior vulnerabilidade não deve ser entendida como uma decorrência imediata da ação voluntária dos indivíduos, grupos populacionais ou nações, mas está relacionada às condições objetivas do meio natural e social em que os comportamentos acontecem, ao grau de consciência que os indivíduos, grupos populacionais ou nações têm sobre esses comportamentos e ao poder de transformação que possuem, a partir dessa consciência; em outras palavras, vulnerabilidade individual diz respeito à história de vida de uma pessoa singular, o modo como ela se compreende e compreende o mundo, o modo como pensa e age.

- *Componente social*: diz respeito a aspectos de como se dá o acesso à informação pelos sujeitos ou grupos populacionais, bem como o acesso aos serviços de saúde e educação; a aspectos sociopolíticos e culturais relacionados a determinados segmentos populacionais, como as mulheres, as crianças, os idosos, as populações indígenas, entre outros. Como exemplo, podemos pensar no modo como uma família funciona, a escola que uma pessoa frequenta, o bairro em que ela vive etc.

- *Componente programático (político-institucional)*: diz respeito a aspectos como financiamentos previstos para programas preventivos, a presença ou não de planejamento das ações, a possibilidade de formação de redes ou coalizão interinstitucional para atuação, além do compromisso expresso das autoridades para tal.

A compreensão de que ninguém *é* vulnerável, mas *está* vulnerável, resultante da dinâmica relação entre os componentes individuais, sociais e programáticos, provoca novas reflexões sobre a prevenção ao uso nocivo de drogas, particularmente, em relação a projetos desenvolvidos com jovens e crianças. A partir do entendimento de que a vulnerabilidade não é algo estático e pontual, mas dinâmico e contínuo, projetos preventivos pontuais, meramente informativos, teriam resultados limitados. Nessa mesma direção, propor a implementação de projetos preventivos apenas para adolescentes é negar o caráter construtivo e provisório do quadro de vulnerabilidade. Ora, considerar essa noção é reconhecer a importância de possibilitar para o jovem a construção de seu projeto de vida, ou seja, encorajar no aluno o poder de transformação, o que estamos nomeando hoje como a possibilidade de construção de sua plena cidadania. Torna-se evidente, assim, que os projetos preventivos, que levam em consideração a noção de vulnerabilidade, deveriam, preferivelmente, ser iniciados já na educação infantil ou pelo menos no Ensino Fundamental I, percorrendo toda a vida estudantil, chegando até o Ensino Médio. É nesse sentido que entendemos o entrelace da prevenção ao uso nocivo de drogas com a noção de vulnerabilidade e, mais especificamente, no âmbito escolar, com a possibilidade da construção permanente de uma rede cuidadora entre o professor e o aluno.

Isto nos parece fundamental: prevenção na escola é trabalhar no sentido de construir uma rede cuidadora permanente entre o professor e o aluno.

Ao dialogar com outros interesses, sem ser o da proibição e do controle, o sentido da prática preventiva se modifica, assim como o seu modo de dialogar. Portanto, não é o técnico (professor, psicólogo, médico etc.) que determina *como* o sujeito-alvo (criança, jovem, professor etc.) deve se prevenir, mas é o próprio sujeito, a partir de uma intensa reflexão, que se coloca em questão, buscando formas e apoio para reduzir suas vulnerabilidades.

Do mesmo modo que a noção de vulnerabilidade transforma radicalmente o sentido do trabalho preventivo na escola, ela também transforma o modo de lidar com os filhos na temática de drogas no âmbito familiar. Torna-se claro que, quando os pais assumem simplesmente uma posição de proibir os filhos de usar drogas, na verdade eles estão assumindo uma atitude ingênua, escondendo-se da questão, o que em verdade nada contribui para a diminuição da vulnerabilidade. Pior que isso, o contrário pode acontecer, ou seja, essa atitude pode aumentar a vulnerabilidade dos filhos, já que num ambiente proibicionista (repressor) não há espaço para o diálogo. Nesse caso, se acontecer o uso de drogas, isso só virá à tona para os pais quando o problema estiver muito avançado. A noção de vulnerabilidade explicita a importância da relação dialógica entre pais e filhos. Vale ressaltar que, para o diálogo acontecer, um fundamento deve ser sempre respeitado: os dois lados devem estar abertos para a transformação.

Outro paradigma importante explicitado pela noção de vulnerabilidade é a tarefa intransferível que cada ser humano tem de cuidar do próprio existir. Cuidar da própria vida é compreender que essa tarefa é sempre minha, e, por mais que alguém tente se livrar desse compromisso, transferindo as responsabilidades para o outro, no final de tudo o peso sempre recai sobre a própria pessoa.

Porém, nenhum ser humano nasce sabendo cuidar da própria vida. Desde o nascimento, vamos sendo apresentados para os modos possíveis de cuidado, atravessados pelos valores do nosso mundo, perpassados pelo modo como fomos cuidados pelos nossos pais. Nesse sentido, fica clara a importância de entender que a problemática do uso de drogas não começa somente na adolescência. Na verdade, a adolescência pode ser o momento de experimentação de drogas, mas a gênese dessa questão é muito anterior a esse momento. A noção de vulnerabilidade deixa explícita a importância de proporcionar para a criança uma infância bem vivida. O sentido de uma infância bem vivida se relaciona diretamente com a possibilidade do brincar, do lúdico, da liberdade. Brincando livremente a criança descobre o mundo e a si mesma, experimenta a autonomia e aprende a realizar projetos. Brincando livremente a criança aprende a cuidar do seu possível, ou seja, o brincar revela para a criança toda a sua potência e, também, seu limite.

Com isso, não estamos dizendo que uma infância bem vivida impediria a experimentação de drogas. Mas estamos alertando para o fato de que a questão do uso de drogas e, mais fundamentalmente, de cuidar da própria vulnerabilidade é algo que começa na infância e que vai atravessar toda a existência do ser humano. Devemos ter clareza de que, se queremos seres humanos mais reflexivos e críticos em relação a sua própria vulnerabilidade, a noção de prevenção (aquilo que precede algo) deve ser levada às últimas consequências.

A partir de nossas considerações, didaticamente, apresentamos a seguir algumas diretrizes na perspectiva das Ações Redutoras de Vulnerabilidade.

Diretrizes individuais (pessoais)

- Procurar desenvolver uma postura crítica à mera proibição do uso de drogas, como também em relação à abstinência como o principal e único modo de lidar com as drogas.

- Reconhecer que conversar/lidar com as drogas não é ditar comportamentos, mas contribuir para que cada pessoa, a partir de uma intensa e contínua reflexão, encontre modos de lidar e reduzir suas próprias vulnerabilidades, durante toda a sua vida.

- Compreender que a vulnerabilidade ao uso de risco e dependência de drogas não é algo inerente às pessoas, mas uma condição que está sempre presente, pois estamos sempre vulneráveis a algo em diferentes graus e dimensões, sendo que essas vulnerabilidades mudam ao longo do tempo. Por tudo isso, a reflexão sobre o uso de drogas deveria estar presente durante todo o percurso da vida.

- Cultivar uma relação de dialogicidade no contato com o outro, no sentido de facilitar a formação de uma consciência crítica, capaz de identificar possíveis riscos.

- Respeitar e ouvir as escolhas das pessoas em relação ao modo como lidam com o uso de drogas, cultivando um clima afetivo no qual seja possível colocar em questão essas decisões, sempre no sentido de ampliar as possibilidades de ser, de reduzir as vulnerabilidades.

- Não reproduzir de forma alguma a "pedagogia do terror" (terrorismo: instaurar o medo) e seus procedimentos de amedrontamento e intimidação, pautados na exacerbação das advertências sobre os perigos advindos do uso de drogas.

- Posicionar-se criticamente perante as informações veiculadas pela grande mídia sobre a questão das drogas.

- Não banalizar as discussões sobre o uso nocivo de drogas, minimizando as possíveis consequências negativas desse uso.

Diretrizes sociais (contexto)

- As ações preventivas devem ser pautadas em objetivos realistas e possíveis de serem alcançados.

- Romper com o imaginário de que é possível uma sociedade sem o uso de drogas.

- Trabalhar a prevenção desde a infância, no sentido de um cuidado que possibilite à criança se encontrar consigo mesma, que busque o desenvolvimento de um modo de ser mais próprio e autêntico.

- Abordar a prevenção ao uso de drogas de maneira ampla, contemplando tanto as drogas lícitas como as ilícitas.

- Considerar no planejamento das ações preventivas os aspectos estatísticos sobre o uso de drogas do público-alvo, principalmente sobre a droga mais utilizada atualmente, enfatizando as drogas lícitas (por exemplo, o álcool, o tabaco e os remédios comercializados legalmente).

- Incentivar experiências que incluem o respeito a si mesmo, aos outros e à dignidade humana, reforçar a autonomia pessoal, incentivar o desenvolvimento afetivo e social, a integridade moral, o senso de dignidade e de cidadania.

60 VULNERABILIDADE NO USO DA MACONHA

- Desenvolver atividades que possibilitem a reflexão sobre o projeto de vida das pessoas, encorajando o poder de transformação, no sentido da construção de sua plena cidadania.

Diretrizes programáticas (políticas públicas, institucionais)

- Considerar sempre que todos os pressupostos enumerados contêm concepções gerais, a serem adaptas e contextualizadas levando em conta as contingências no âmbito em que se pretende desenvolver o trabalho preventivo.

- Todo trabalho preventivo deve ser entendido em médio/longo prazo, por meio de um processo educativo integrador e sistemático.

- Todas as informações devem ser transmitidas de maneira fidedigna, objetiva e realista, pautada no conhecimento científico, respeitando a particularidade e a capacidade de compreensão de cada indivíduo do público-alvo.

- Os procedimentos implantados devem ser passíveis de avaliação, sendo esta múltipla e aplicada a resultados, processos e estruturas, além de considerada durante todo o trabalho, oferecendo, assim, subsídios para novas posturas e correções de ações preventivas.

- As políticas em relação às drogas devem ser integradas às políticas sociais mais gerais.

- Integrar as ações preventivas aos programas já existentes, buscando parcerias com outras instituições de educação, saúde, meio ambiente etc.

MACONHA: OS DIVERSOS ASPECTOS, DA HISTÓRIA AO USO   61

- A viabilização dos programas depende da participação de toda a sociedade.

Referências

LIMA, F. F. T. de. *Prevenção ao uso de drogas*: modelos utilizados na educação, suas relações e possibilidades quanto a atitudes preventivas. Dissertação (Mestrado em Psicologia) – Pontifícia Universidade Católica de São Paulo, São Paulo, 2003.

SODELLI, M. *Drogas e prevenção*: da desconstrução da postura proibicionista às ações redutoras de vulnerabilidade. São Paulo: Via Veritas, 2016.

5. Maconha e vulnerabilidades sociais: o que sabemos?

Eroy Aparecida da Silva[1]

Yone Gonçalves de Moura[2]

Quando o assunto é discutir o consumo da maconha, um conjunto de juízo de valores e crenças, a maioria delas sem evidências científicas, acaba por dominar o cenário, sem que se possa tratar do assunto junto à população de maneira esclarecedora, sem julgamentos morais. Nesse sentido, a maconha é uma das substâncias que mais provocam equívocos e controvérsias. Neste capítulo, pretendemos abordar o tema em linguagem simples, sem estigmas e/ ou preconceitos, a fim de debater com as comunidades, famílias, adolescentes e população em geral algumas evidências do que já sabemos graças à ciência sobre o seu consumo e como este acontece nas classes sociais mais baixas. Antes disso, vamos apresentar uma rápida descrição sobre essa substância, ora considerada medicinal, ora "erva do diabo", ora "erva do sossego" ou "da paz".

---

1 Psicoterapeuta familiar e comunitária. Doutora em Ciências pela Universidade Federal de São Paulo (Unifesp), pesquisadora na área de álcool e outras drogas, psicóloga da Associação Fundo de Pesquisa (Afip). Autora de vários livros sobre álcool e outras drogas.

2 Mestre em Ciências e pesquisadora no tema álcool e outras drogas na Associação Fundo de Pesquisa (Afip), Unidade de Dependência de Drogas (Uded).

A maconha é uma droga perturbadora que vem de um arbusto chamado *Cannabis sativa*, próprio de climas tropicais e quentes, e seu consumo no Ocidente data de mais de 4 mil anos. Já no Oriente existe registro de seu uso medicinal desde o século III a.c. É conhecida por diferentes nomes, como marijuana e erva canja, e seu uso tanto recreacional como medicinal tem uma longa história. É a droga proibida (ilícita) mais consumida no mundo, inclusive no Brasil, tanto por adolescentes, que o fazem de maneira experimental e limitada, como por adultos jovens. É feita de uma mistura das folhas e flores tanto verdes como secas da *Cannabis sativa* e consumida *in natura*, ou seja, os cigarros (baseados) são feitos com a própria planta, sem passar por processamento químico, podendo ser fumada também em cachimbos. Embora existam várias formas de consumo, o mais habitual é na forma de cigarros, preparados manualmente pelos próprios usuários.

No início dos anos 2000, aos cigarros de maconha se acrescentava também cocaína ou crack. Esses cigarros, que ficaram conhecidos como "mesclado", "craconha" ou "criptonita", foram criados pelos próprios usuários, e, segundo eles mesmos, essa era uma forma de deixar a maconha mais potente, "batizando-a" com cocaína.

Um "baseado" contém aproximadamente de 0,3 a 1 grama de maconha. Esta planta é cultivada principalmente por seus efeitos psicoativos, que causam diferentes sensações, conhecidas também como o famoso "barato". Maconha e cânhamo, embora da mesma espécie, são diferentes. Na maconha, a maior concentração de tetrahidrocanabinol (THC, substância responsável por seus efeitos) está nas flores, enquanto no cânhamo são aproveitados os caules e as fibras, com baixíssimas quantidades de THC. O cânhamo muitas vezes é confundido com a maconha. Embora da mesma espécie, são geneticamente e de finalidades diferentes. O cânhamo é uma planta de *Cannabis* cultivada por suas fibras fortes, caule e semente, de preço mais barato e muito utilizado na indústria têxtil para fazer cordas, tecidos, produzir papel. Suas sementes produzem ainda alimentos, cosméticos e medicamentos. Os pés de cânhamo chegam a ter de 2 a 4 metros de altura. Este possui uma concentração infinitamente baixa do tetrahidrocanabinol (THC), ou seja, o principal responsável pelos efeitos psicoativos da maconha, como descrito há pouco. Assim, é importante esclarecer que é impossível um usuário sentir os efeitos psicoativos do cânhamo.

A maconha, de modo geral, é consumida pelas pessoas por várias razões, motivos e contextos diferentes. Entretanto, um ponto em comum ao uso de diferentes usuários são os efeitos psíquicos produzidos pela maconha: alteração das percepções de tempo, das cores, dos sons, euforia, sedação; prejuízo de julgamento; risadas constantes (hilaridade). Os efeitos físicos mais diretos são: vermelhidão nos olhos, aumento das pupilas, boca seca, fome, relaxamento, taquicardia (aumento de batimentos cardíacos), prejuízo temporário na memória de curto prazo.

Estudos apontam que, no Brasil, o consumo da maconha foi introduzido pelos africanos escravizados e esteve durante muito tempo associado à cultura negra de forma repressiva, como algo de menor valor, já que fumar deixava os escravos menos produtivos para o trabalho, conforme era exigido por seus senhores.

Também por isso, seu consumo estava associado a "coisa de negro", ou "bruxarias", em referência ao uso da maconha fumada nos terreiros de candomblé, nos rituais religiosos de incorporação. Os negros, muito mais que os brancos, eram rotulados de traficantes e encarcerados. Esses fortes estigmas raciais foram responsáveis, na década de 1950, pela construção da imagem social do "maconheiro" como um *arruaceiro* e perturbador das regras e normas, acabando por construir ainda hoje na população a imagem do consumo de maconha como algo associado à "marginalidade", principalmente de negros e de pobres. Atualmente, os usuários de maconha ainda sofrem as sérias consequências desses estereótipos sociais, pois são constantemente alvos de policiais nas ruas, de ameaças de violências e prisões, não poucas vezes desproporcionais aos riscos reais do uso da substância em si, tanto para a pessoa como para a sociedade. Dessa maneira, antes de qualquer julgamento prévio em relação a esse tema, é necessária uma análise ampla de diferentes ângulos e contextos, antes da defesa incondicional de ações repressivas.

MacRae e Simões (2003, 2004) ressaltam a importância de se compreender a abordagem psicossocial e a subcultura da maconha. A abordagem ao uso e a prevenção do abuso de drogas deve considerar toda a complexidade biopsicossocial relacionada ao tema, assim como o contexto do público usuário, que, muitas vezes, conhece muito mais a respeito dos efeitos e dos rituais de uso que os profissionais. Na rede que formam, aprendem as regras e rituais do grupo para lidar com as situações decorrentes do uso. Os autores relatam que, na pesquisa realizada por eles, a subcultura da maconha se estabelece a partir dessas redes informais de comunicação das próprias experiências de aprendizagem entre os usuários da substância, mantendo os consumidores interligados para que essa informação circule.

Na década de 1980, a maconha ganha um espaço importante nas produções acadêmicas em ciências humanas, nas quais passa a ser debatida também sob o enfoque dos direitos humanos, da segurança pública, como alternativa terapêutica e no âmbito das políticas sobre drogas. As pesquisas e seus resultados são publicados em artigos, teses, livros, e importantes discussões se estabelecem sobre assuntos como o uso recreativo e terapêutico e suas implicações político-sociais.

Embora o consumo de todas as drogas psicotrópicas, tanto as permitidas (lícitas) como as não permitidas (ilícitas), ocorra por pessoas de todas as classes sociais, em diferentes fases da vida e por diferentes razões, o consumo de algumas substâncias estão histórica e culturalmente associadas às populações "marginalizadas". Delas, a maconha é a principal. A proibição da maconha se deu primeiro nos Estados Unidos. Seguiram-se tratados internacionais que vários países assinaram e apoiaram, entre eles o Brasil.

No início de 1980, houve também no país uma expansão do uso experimental e "recreativo" da maconha entre a classe média, principalmente entre os estudantes em ambientes universitários, sem trazer grandes consequências e riscos. Não estamos com isso negando as sérias consequências que a dependência da maconha pode acarretar, principalmente em adolescentes. A dependência de qualquer substância psicotrópica traz prejuízos familiares, ocupacionais e sociais – basta olhar para o consumo de álcool, ansiolíticos (calmantes), solventes, entre outras.

Felizmente, determinados rótulos em relação à maconha já vêm caindo por terra há vários anos, por exemplo: "a maconha é porta de entrada para outras drogas", "todo maconheiro é traficante", "maconheiros não trabalham nem estudam". Esses rótulos sociais estão ainda associados à relação do uso da maconha com os negros escravizados do passado, que, sem dúvida, sofreram mais represálias penais do que os brancos em relação ao uso da maconha. Isso ainda persiste nos dias atuais: o tratamento muitas vezes dado pela polícia a um adolescente branco flagrado fumando maconha nas ruas da Vila Madalena, um bairro de classe média alta da cidade de São Paulo, é bastante diferente do tratamento dispensado pelas abordagens policiais nos bairros periféricos quando os jovens negros e de classe social mais baixa são flagrados fumando maconha – o que nos leva a refletir que o uso da maconha pela "elite branca" é mais socialmente aceito ou tolerado pelas abordagens policiais que o ocorrido nas classes sociais baixas compostas por negros e periféricos.

As abordagens policiais são mais numerosas em jovens negros do que brancos, e os negros são muito mais penalizados pela lei do que os brancos. É o que mostram estatísticas como o Levantamento Nacional de Informações Penitenciárias (Infopen), de junho de 2016: a maioria dos jovens encarcerados nos presídios brasileiros é negra. Já a Pesquisa Nacional por Amostra de Domicílios (PNAD) de 2015, ao avaliar raça, cor ou etnia das pessoas privadas de liberdade, constatou que 64% da população prisional é composta de pessoas negras.

Cabe ressaltar ainda que a desigualdade racial no país se expressa claramente no que se refere à violência letal e às políticas de segurança. Homens negros e jovens constituem o perfil mais frequente de homicídio no Brasil, portanto, muito mais vulneráveis à violência do que os jovens não negros. Os negros são, assim, as principais vítimas da ação letal das polícias, além de predominarem na população prisional do Brasil.

Para compreender de maneira crítica esses dados, segundo os quais se penalizam mais os jovens negros do que os brancos no que diz respeito ao consumo da maconha, Carlini, em um artigo de 2006, discute como essa ancestralidade histórica e a demonização da maconha foram sendo construídas no Brasil. O estudo traz a história da substância desde sua chegada, após o "descobrimento" do país, trazida pelos escravos. Uma vez no Brasil, foi plantada e disseminada também entre os indígenas, sendo considerada inicialmente um medicamento indicado para muitos males. A maconha passou a ser vista como algo "muito perigoso" no Brasil a partir da II Conferência Internacional do Ópio, em 1924, quando um psiquiatra brasileiro afirmou que a maconha seria mais perigosa que o ópio. Anos depois, a substância permanece entre as mais perigosas, ainda que a epidemiologia demonstre junto à população, com dados oriundos de pesquisas, que outras substâncias, como o álcool, trazem muito mais prejuízos que a maconha. O artigo de Carlini também descreve a existência de estudos que demonstram o efeito terapêutico do princípio ativo da maconha (tetraidrocanabinol) para minimizar o efeito dos sintomas de algumas doenças, como o vômito induzido pela quimioterapia anticâncer.

Diante desse panorama contextual, é fundamental que se estabeleçam políticas públicas bioéticas e protetivas baseadas em estudos nacionais atualizados e comprovados, além do investimento em saúde e educação equitativas para diminuir a desigualdade social e racial no Brasil, responsável pela criminalização de jovens, principalmente negros e de baixa renda. A universidade e seus pesquisadores têm papel fundamental nesse esclarecimento junto à população, divulgando de forma clara, assertiva, objetiva e empática os dados das pesquisas, devolvendo para a sociedade, que lhes possibilita esse papel de pesquisa e avanços científicos, estratégias de proximidade permanente e cuidadosa, favoráveis à construção de uma sociedade em que as políticas sobre drogas estejam diretamente vinculadas à realidade da vida das pessoas. Ciência com consciência, como propõe o filósofo e antropólogo francês Edgar Morin (1994).

Referências

CARLINI, E. A. Maconha (Cannabis sativa): da "erva de diabo" a medicamento do establishment? *Ciência e Cultura*, v. 32, n. 6, p. 684-690, 1980.

CARLINI, E. A. Legalizar drogas não, descriminalizar sim. *Ciência Hoje*, v. 181, n. 4, p. 40-45, 2002.

CARLINI, E. A. A história da maconha no Brasil. *Jornal Brasileiro de Psiquiatria*, v. 55, n. 4, p. 314-317, 2006.

CARLINI, E. A.; RODRIGUES, E.; GALDURÓZ, J. C. *Cannabis sativa L. e substâncias canabinoides em medicina.* São Paulo: Cebrid, 2005.

COSTA, M. R. S.; GONTIÈS, B. Maconha: Aspectos farmacológicos, históricos e antropológicos. *Unipê*, v. 1, n. 2, p. 12-24, 1997.

HEMPMEDS BRASIL. Você sabe qual é a diferença entre o cânhamo e a maconha? 14 jun. 2019. Disponível em: https://hempmeds.com.br/qual-a-diferenca-entre-o-canhamo-e-a-maconha/. Acesso em: 25 jun. 2019.

HENMAN, A. R. A guerra às drogas é uma guerra etnocida. In: HENMAN, A. R.; PESSOA Jr., O. (org.). *Diamba Sarabamba.* São Paulo: Ground, 1986. p. 91-111.

INSTITUTO BRASILEIRO DE GEOGRAFIA E ESTATÍSTICA (IBGE). *Pesquisa Nacional por Amostra de Domicílios*: síntese de indicadores. 2016. Disponível em: https://www.ibge.gov.br/estatisticas/sociais/educacao/9127-pesquisa-nacional-por-amostra-de-domicilios.html?=&t=publicacoes. Acesso em: 15 set. 2020.

INSTITUTO SOU DA PAZ. *Apreensões de drogas no estado de São Paulo*: um raio-x das apreensões de drogas segundo ocorrências e massa. São Paulo: Instituto Sou da Paz, maio 2018.

INSTITUTO DE PESQUISAS ECONÔMICAS E APLICADAS (IPEA); FÓRUM BRASILEIRO DE SEGURANÇA PÚBLICA (FBSP). *Atlas da violência.* Jun. 2018.

MACRAE, E.; ALVES, W. C. (org.). *Fumo de Angola*: canabis, racismo, resistência cultural e espiritualidade. Salvador: EDUFBA, 2016.

MACRAE, E.; SIMÕES, J. A. A subcultura da maconha, seus valores e rituais entre setores socialmente integrados. In: BAPTISTA, M. et al. *Drogas e Pós-modernidade*: faces de um tema proscrito. Rio de Janeiro: UERJ, 2003. p. 95-107.

MACRAE, E.; SIMÕES, J. A. *Rodas de fumo*: o uso da maconha entre camadas médias. Salvador: EDUFBA, 2004.

MINISTÉRIO DA JUSTIÇA E SEGURANÇA PÚBLICA. Departamento Penitenciário Nacional. Levantamento Nacional de Informações Penitenciárias, Atualização. Junho de 2016. Brasília, 2017.

MORIN, E. *Ciência com consciência*. São Paulo: Bertrand, 1994.

RIBEIRO, M. et al. Medicina baseada em evidência. Abuso e dependência da maconha. *Revista da Associação Médica Brasileira*, v. 51, n. 5, p. 241-255, 2005.

WORLD HEALTH ORGANIZATION (WHO). *The health and social effects of nonmedical cannabis use*. Genebra: WHO, 2016.

6. Redução de danos, maconha e outros temas polêmicos

Vera Da Ros[1]

Pais e mães, bruxos e estudiosos

Há três décadas, falar sobre sexualidade humana não era comum nas famílias brasileiras, mas, na década de 1980, a sociedade foi convidada a discutir o tema, pois informação se tornava questão fundamental para todos. O mesmo ocorre agora com as drogas. Chegou o tempo de discutir e romper os tabus sobre drogas.

Quem leu a série Harry Potter, de J. K. Rowling, ou mesmo somente o primeiro livro, pode perceber que mandar as crianças para a escola de magia, Hogwarts, é uma solução para os

---

1 Psicóloga, mestre pela Pontifícia Universidade Católica de São Paulo (PUC-SP) e psicoterapeuta de jovens e adultos. Caminhou por todas as áreas até a gerência de projetos junto ao Programa de Orientação e Atendimento a Dependentes da Universidade Federal de São Paulo (Proad-Unifesp). Foi assessora técnica da área de Redução de Danos, Drogas e Aids junto ao Escritório da Organização das Nações Unidas sobre Drogas e Crime (UNODC) e ao Ministério da Saúde. Atualmente, é presidente da Rede Brasileira de Redução de Danos e Direitos Humanos (Reduc) e consultora de projetos do terceiro setor nas áreas de direitos da criança e do adolescente, prevenção de drogas e sexualidade.

"problemas" dos pais de educar adolescentes. Os alunos chegam à escola pré-adolescentes, aos 11 anos de idade. É a fase do desenvolvimento na qual precisam lutar pela independência progressiva dos pais e buscar a própria identidade. Magicamente, naquele mundo de bruxos, os pais ficam liberados dessa tarefa de educar, e o grupo, os tutores ou professores se encarregam desse momento tão difícil.

A adolescência é a fase de passagem de um círculo social restrito – a família – para um universo social mais amplo. Nesse mundo em que a família se torna uma parte, e não mais o todo, a criança sai em busca da conquista da autonomia, do poder de escolha e da independência, que formarão sua capacidade de se autogerir, ou seja, agir por si mesma, sem interferência de outras pessoas. Mas, em nossa realidade, nada de magia ocorre, e a educação é prioritariamente da família. A escola, embora tenha também um papel formativo, não substitui a família.

Quando meus filhos eram pré-adolescentes, também tive medo de que entrassem em contato com as drogas e desejei ter poderes mágicos para que não viessem a prová-las. Minha vida profissional me auxiliou no entendimento, e, sempre que possível, auxilio pais assustados, como eu fui, a entender o problema das drogas.

Da fantasia para a realidade

A realidade é aquela apresentada pelas estatísticas oficiais: um grande número de adolescentes experimenta drogas ilícitas antes de terminar o Ensino Médio. Um estudo sobre o uso de drogas por estudantes brasileiros foi feito de 1987 até 2010. Os dados levantados nesses 23 anos mostram que entre 22% e 24% dos estudantes do Brasil usaram pelo menos uma vez na vida alguma droga.

É verdade que o álcool lidera o uso, com 42,4%, e a maconha aparece na quarta colocação, com 3,7% de uso por estudantes. A Pesquisa Nacional da Saúde do Escolar (PeNSE) de 2015, publicada em 2016, dá um panorama abrangente da saúde dos escolares no Brasil ao levantar dados sobre aspectos socioeconômicos; contexto familiar; hábitos alimentares; prática de atividade física; experimentação e consumo de cigarro, álcool e outras drogas; saúde sexual e reprodutiva; violência, segurança e acidentes; utilização de serviços de saúde, entre outros aspectos. Os resultados da PeNSE 2015 mostraram que o percentual de escolares do 9º ano que usaram maconha nos últimos trinta dias anteriores à data da pesquisa foi de 4,1%. Um consumo maior foi registrado entre os meninos (4,8%) que entre as meninas (3,5%).

Fica claro que nossos esforços devem estar voltados não só para a prevenção focada naqueles que nunca utilizaram drogas, mas também para a prevenção dos danos possíveis, caso já usem ou venham a usá-las – sejam elas drogas legais ou ilegais.

As opiniões das pessoas geralmente se baseiam no senso comum, e é importante se fundamentar em pesquisas científicas como a que mostramos há pouco. Esse estudo aponta que a realidade é diferente do que comumente se pensa. Muitas pessoas têm opinião formada – e arraigada – sobre o uso de drogas, mesmo sem conhecer os dados de pesquisas sérias, e quanto menos se conhece sobre um assunto, quanto menos informação científica se tem, mais as opiniões são retrógradas e inflexíveis.

Opiniões como as que a sociedade brasileira tinha sobre sexualidade antes dos anos 1980, e não havia indecisos sobre o assunto, tratava-se de uma verdade inquestionável: a sexualidade não era para ser conversada, era assunto tabu dentro das famílias, e se falássemos de sexualidade estaríamos incentivando os mais jovens a iniciar sua vida sexual prematuramente. Mas os adolescentes não pedem permissão aos adultos para saber se podem usar álcool, fumar cigarro ou experimentar maconha ou outra droga. Estes jovens seguem as normas de seu próprio meio social, assim como o fazem em relação a linguagem e gírias, vestimenta, comportamento sexual ou escolha musical.

Convicção, tradição ou confusão?

Quando não estamos informados suficientemente, a nossa postura tende a ser de guerra às drogas, de crença numa sociedade sem drogas e de intolerância ao uso, porque nos confortam como solução para nossos medos em relação a nossos filhos.

A postura que aqui propomos é a da redução de danos, que busca diminuir os riscos e problemas associados ao consumo. Quanto mais retardarmos o contato do jovem com as drogas, sejam elas legais, como o álcool, ou ilegais, como a maconha, melhor. Mas, se entrarem em contato, têm de estar informados para poder fazer suas escolhas e conhecer as consequências.

Uma reportagem da revista *Superinteressante* ressalta que é preciso haver informação de qualidade, desvinculada da moral, do poder econômico e das forças políticas, como sugere o juiz aposentado Wálter Fanganiello Maierovitch, ex-secretário nacional antidrogas e um dos maiores *experts* no tema no Brasil.

No mesmo artigo, o médico Fábio Mesquita afirma que interesses econômicos pesaram na decisão de tornar algumas drogas proibidas e outras legais. Por exemplo, cita ele como a causa principal da proibição da maconha a pressão da indústria farmacêutica, que produzia substâncias que disputavam com a erva o mercado dos remédios para abrir apetite, reduzir dor e enjoo.

A história nos mostra que o hábito de 8 mil anos se tornou problema há menos de um século. Mas fomos convencidos por muito tempo de que há um pensamento único em relação às drogas, influenciados às vezes por governos, às vezes por religiões, o que nos faz acreditar que elas sempre foram proibidas. Nada mais enganoso: há apenas oitenta anos, o uso das drogas hoje ilegais era tão comum que, nos Estados Unidos, até 1920, havia a possibilidade de ir a casas públicas para quem quisesse fumar ópio. Maconha também podia ser fumada livremente até o início do século XX.

Na história da humanidade, as drogas passaram muito mais tempo liberadas que proibidas. Como expusemos há pouco, algumas são usadas há 8 mil anos, como as extraídas da papoula, e avalia-se que o ópio tenha sido a primeira droga usada pelo homem. A folha de coca já era usada pelos habitantes dos Andes há 2 mil anos. Muitos registros sobre o uso medicinal da maconha foram encontrados em escritos da China do século I a.C., e sabe-se que o ópio e a maconha foram remédios tradicionais por muitos séculos.

O capitalismo descobriu que algumas drogas eram um obstáculo à sociedade industrial, como a fibra de cânhamo, derivada da maconha, que concorria com fibras sintéticas recém-descobertas. Algumas substâncias diminuíam a produtividade dos operários. Concordamos que era preciso uma regulamentação do uso, da distribuição e da produção, como a preconizada pela Organização das Nações Unidas (ONU). Mas o rigor e a maneira como essa regulamentação foi adotada revelam outros interesses além de proteger a população.

Redução de danos, o que é isso?

Uma forma de pensar o cuidado em relação ao uso indevido de drogas é a prevenção, que tem seu foco nos adolescentes que nunca

78 REDUÇÃO DE DANOS, MACONHA E OUTROS TEMAS POLÊMICOS

as utilizaram. Devemos, como pais e educadores, informá-los e prepará-los para fazer escolhas saudáveis e seguras em suas vidas. Mas também devemos focar na prevenção dos danos possíveis, caso já usem ou venham a usar drogas.

A redução de danos não faz apologia às drogas, mas à aceitação do ser humano, ao respeito a liberdade e autonomia e aos direitos civis dos cidadãos que passam por uma situação problemática associada a uso, abuso ou dependência de álcool e outras drogas. Alertar sobre a composição, efeitos e riscos do uso de qualquer substância psicoativa é correto e justo. É uma ilusão acreditar que possamos viver em um mundo sem drogas.

Portanto, nossos esforços devem estar voltados não só para a prevenção. A proposta da redução de danos é de educação preventiva e de políticas alicerçadas na realidade, ou seja, em experiências profissionais e em pesquisas, com o objetivo fundamental de garantir a saúde, a segurança e o bem-estar do jovem.

Nossa esperança é que educadores, pais e outros que busquem por estratégias pragmáticas para ajudar jovens se inspirem nos princípios dessa proposta e desenvolvam programas sustentáveis e honestos para suas vidas.

Tem como reduzir os danos do uso de maconha?

A maconha é a droga ilícita mais amplamente utilizada globalmente. Enquanto o consumo de maconha claramente não resulta em danos tão graves como os do álcool ou tabaco, a sua utilização é associada a riscos potenciais significativos. Com base nas evidências existentes, um número desses riscos e danos é modificável por abordagens de redução de danos. É uma abordagem mais pragmática, de saúde pública. Tem como base as experiências em redução de danos do uso do álcool. A sua utilidade ainda é dificultada pelo *status* ilegal da maconha, o que resulta em deixar nossos jovens sem informação nem medidas que os protejam.

Quando se pensa em redução de danos, é necessário considerar os diferentes padrões de utilização de uma droga. A experiência com drogas de uma pessoa que as usa pela primeira vez será marcadamente diferente da de alguém que as tenha usado intensamente durante anos. Tal como acontece com a maioria das drogas, quanto mais as pessoas as usam ou mais enraizada a sua utilização, maior é o potencial de dano.

Obviamente, a maneira mais efetiva para reduzir os danos é não usar.

No entanto, reconhecemos que algumas pessoas optam por usar maconha e, se não quiserem ou encontrarem dificuldade em parar, podem ser adotadas algumas estratégias práticas:

- Usar apenas em um lugar seguro, com confiança e amigos. Nunca compartilhar cigarro de maconha (baseado) ou cachimbos, porque podem ser um vetor de transmissão de doenças infecciosas como as hepatites.

- Evitar o uso de maconha antes de atividades que exijam o funcionamento cognitivo intacto, como trabalhos de casa, exames, aulas etc. Não utilizar no dia ou na noite anterior de um importante ou novo desafio. Tentar usar quantidades menores e com menos frequência. Parar de usar durante dias ou semanas para reduzir o THC acumulado em seu sistema.

- Uma opção possível é comer maconha em bolos e biscoitos em vez de fumar, ou beber o chá. Quando a maconha é queimada, libera toxinas (gases venenosos) que são então inalados ao fumar. Se a pessoa come a maconha, o risco de contrair doenças respiratórias é significativamente reduzido.

É necessário saber que é preciso muito mais tempo para sentir os efeitos depois de comer maconha do que depois de fumar. Isso pode tornar difícil julgar qual dose usar ou a realmente usada. Como consequência, o usuário pode sentir um efeito muito maior ou por mais tempo do que o previsto (ficar muito "chapado"). Também será necessário um tempo maior de absorção ao se ingerir maconha; portanto, o tempo de efeito é mais longo, e a pessoa deve estar atenta e evitar por mais tempo ainda dirigir veículos e outras tarefas que exigem atenção. Há necessidade de um tempo de espera de pelo menos três horas após a última utilização de maconha antes de conduzir ou utilizar máquinas perigosas.

Como nos lembra o neurocientista Sidarta Ribeiro, a maconha comprada na rua é contaminada e degradada, além de conter doses desconhecidas de canabinoides. O estudioso destaca que não existe uma maconha, mas várias maconhas, com características muito diferentes. A redução de danos nos alerta para a necessidade de possuir informação sobre os níveis de THC da substância, bem como a procedência, o que é impossível em virtude da ilegalidade da maconha.

Se fumar, saiba que...

Ao fumar um baseado, é comum misturá-lo com tabaco. Tal costume pode trazer alguns riscos, porque o tabaco é altamente gerador de dependências, o que torna mais difícil para o usuário de maconha reduzir ou parar seu uso. A mistura de tabaco com maconha também aumenta o risco de câncer de pulmão e outros problemas respiratórios e de doença cardíaca. Por conseguinte, é melhor não misturar os dois.

A vaporização aquece em vez de queimar a maconha. Pesquisa inicial indica que a vaporização de maconha reduz (mas não elimina completamente) a formação de subprodutos tóxicos da combustão da planta. Ao fumar maconha em cachimbo de água – chamado de *bong* ou *pipe* –, a pessoa não deve inalar profundamente nem manter a fumaça dentro do pulmão. Aproximadamente 95% do THC é absorvido em poucos segundos de inalação. A fumaça é forçada mais para baixo, para os pulmões, aumentando a área de superfície para o câncer de pulmão e outras doenças respiratórias. Para que tal risco seja minimizado, procure dar pequenos tragos. Deve-se limpar regularmente o cachimbo e substituir a água. *Bongs* sujos e com água reusada são criadouros de germes e vírus.

Usar algum tipo de filtro no *bong* impede a inalação de pequenas partículas e a contaminação da água. Monitorar o nível de água na câmara – deve ser de pelo menos 20 centímetros abaixo da borda da peça de boca – minimizará o risco de vazamentos e de infecção pulmonar (pleurisia) causada pelo acúmulo de gotas de vapor nos pulmões.

Deve-se evitar o uso de cachimbos feitos de madeira, alumínio ou plástico (incluindo aqueles feitos de recipientes de bebida ou mangueiras de jardim). Todos esses materiais podem liberar vapores tóxicos. É menos prejudicial usar *bongs* feitos de vidro, aço inoxidável ou latão.

Não se deve usar maconha junto com outras drogas – incluindo o álcool, que pode intensificar efeitos negativos. Além do efeito da maconha, os efeitos podem ser mais poderosos ou mais imprevisíveis, e a chance de ter reações inesperadas aumenta. Misturar drogas (o que é chamado de "policonsumo") pode fazer a pessoa sentir-se mais paranoica, ansiosa ou em pânico, e mesmo ter náuseas (levando a vômitos). Fale com seu médico sobre como seus medicamentos podem interagir com a maconha. É relevante compreender que, para a maior parte dos adolescentes, a maconha não oferece grande risco, mas para uma minoria psicologicamente vulnerável o uso da maconha é perigoso e deve ser enfaticamente desencorajado, como adolescentes com histórico anterior de depressão grave, esquizofrenia ou com diagnóstico de doença mental.

Uma conversa franca – com você!

- Se você usa maconha, mantenha o controle de seu uso, para tornar-se mais consciente de seus padrões.

- Pare por um tempo de usar a maconha para determinar se ela está interferindo em sua capacidade de trabalho ou estudo.

- Seja específico com você mesmo sobre quais alterações você gostaria de fazer no seu uso de maconha (quantas vezes, quando, onde, por que etc.).

- Dê uma pausa de trinta dias no uso de maconha. Isso permite que o sistema limpe o THC, reduza a tolerância e supere o desconforto da retirada total que algumas pessoas sentem quando querem parar.

- Monitore os impulsos para usar e tentar negociar com esses seus impulsos. Ou seja, aprenda a lidar com a fissura.

- Converse com seu desejo. Pergunte a si mesmo se é o momento de usar e se está de acordo com as novas metas.

- Analise suas razões para tomar a decisão de fazer uma mudança, a fim de ficar ligado à sua motivação.

Reduzir danos é aumentar a autonomia

De acordo com Dartiu Xavier da Silveira Filho, não há sentido em se falar de prevenção de drogas, uma vez que drogas não são "preveníveis". A droga não é boa ou ruim em si. O que pode ser destrutivo ou criativo é a maneira pela qual o homem se relaciona com a droga, independentemente do produto químico em questão.

Se o nosso foco estiver somente na droga, veremos somente parte da realidade, pois o uso indevido de qualquer droga, legal ou não, aponta para a união de três fatores que têm peso equilibrado nesse processo:

- a droga e seus efeitos;
- a pessoa, a personalidade e seus problemas pessoais;
- a sociedade, o contexto, suas pressões e contradições.

É papel fundamental de quem educa para a cidadania favorecer o estabelecimento de condições para o desenvolvimento do indivíduo, de tal forma que ele faça suas próprias escolhas, valorizando a liberdade pessoal.

Referências

ANDRADE, M. A redução de danos faz apologia ao respeito (entrevista). *A Tarde*, 21 mar. 2016. Disponível em: http://atarde.uol.com.br/muito/noticias/1756280.

CAUTIOUS WITH CANNABIS PROGRAM. Victoria, Australia. Disponível em: http://www.cautiouswithcannabis.com.au/Main.html. Acesso em: 30 dez. 2019.

CENTRO BRASILEIRO DE INFORMAÇÕES SOBRE DROGAS PSICOTRÓPICAS (CEBRID). VI Levantamento Nacional sobre o Consumo de Drogas Psicotrópicas entre Estudantes do Ensino Fundamental e Médio das Redes Pública e Privada de Ensino nas 27 Capitais Brasileiras. 2010. Disponível em: https://www.cebrid.com.br/vi-levantamento-estudantes-2010/. Acesso em: 30 dez. 2019.

DA ROS, V. Juventude livre de drogas, o que há de errado nisso? [201-]. Disponível em: http://www.academia.edu/4202602/Juventude_livre_de_drogas_o_que_h%C3%A1_de_errado_nisso. Acesso em: 30 dez. 2019.

HOLLAND, J. (org.). *The pot book*: a complete guide to Cannabis. Rochester: Park Street Press, 2010.

INSTITUTO BRASILEIRO DE GEOGRAFIA E ESTATÍSTICA (IBGE). Coordenação de População e Indicadores Sociais. *Pesquisa Nacional de Saúde do Escolar 2015*. Rio de Janeiro: IBGE, 2016.

MOREIRA, F. G. *Ferida narcísica e tutores de resiliência*: uma leitura analítica da saga de Harry Potter. São Paulo: Kindle, 2015.

RIBEIRO, F. T. Efeitos da maconha no cérebro. *Revista Mente e Cérebro*, n. 277, fev. 2016.

ROSENBAUM, M. *Safety first*: a reality-based approach to teens, drugs, and drug education. São Francisco: Drug Policy Alliance, 2004

SILVEIRA FILHO, D. X. Uso indevido de drogas em escolas. In: SILVEIRA FILHO, D. X.; GORGULHO, N. (org.). *Dependência*: compreensão e assistência às toxicomanias (uma experiência do PROAD). São Paulo: Casa do Psicólogo, 1996.

TATARSKY, A. *Harm reduction psychotherapy*: a new treatment for drug and alcohol problems. Lanham: Rowman & Littlefield Publishers, 2007.

VERGARA, R. Drogas: o que fazer a respeito. *Superinteressante*, 31 dez. 2001. Disponível em: https://super.abril.com.br/saude/drogas-o-que-fazer-a-respeito/. Acesso em: 30 dez. 2019.

7. A questão legal

Luís Francisco Carvalho Filho[1]

O número de presos por tráfico de drogas no Brasil cresce vertiginosamente desde que a Lei n. 11.343/2006 entrou em vigor.

Embora a legislação que define delitos e punições, criando o chamado Sistema Nacional de Políticas Públicas sobre Drogas, não tenha previsto pena privativa de liberdade para a posse e para o consumo, transmitindo uma falsa imagem de liberalidade de costumes, a ausência de critérios objetivos de diferenciação de condutas tem conduzido pessoas inofensivas para o sistema carcerário, contribuindo decisivamente para a superpopulação dos presídios.

A população de pessoas privadas de liberdade no Brasil dobrou desde então. Em 2005, havia aproximadamente 361 mil presos. Em 30 de junho de 2016, 726.712 detentos, maioria jovens entre 18 e

---

1 Advogado criminal e colunista da *Folha de S.Paulo*. Autor de *O que é pena de morte* (Brasiliense, 1995), *Nada mais foi dito nem perguntado* (Editora 34, 2001) e *A prisão* (Publifolha, 2002). Foi presidente da Comissão Especial sobre Mortos e Desaparecidos Políticos (Lei n. 9.140/95) e diretor da Biblioteca Mario de Andrade, em São Paulo.

29 anos (55%) e negros (65%). Há um déficit de 358.663 vagas no sistema prisional.[2]

Em quantidade numérica, o Brasil só perde para Estados Unidos e China.[3] Parcela relevante da população carcerária está concentrada no estado de São Paulo (33,1%), com taxa de aprisionamento de 536 presos por 100 mil habitantes.

Em 2018, a população carcerária do Brasil supera a população estimada de cidades como Aracajú (648.939), Cuiabá (607.153), Florianópolis (492.997), Niterói (511.786), Osasco (696.850) e Uberlândia (683.247).[4]

Em 2015, o plenário do Supremo Tribunal Federal (STF) declara que, relativamente ao sistema penitenciário, pela violação generalizada e sistêmica de direitos fundamentais e pela absoluta falência das políticas públicas, o Brasil vive um "estado de coisas inconstitucional".[5]

Em 2005, o número de presos (condenados ou provisórios) por tráfico de drogas equivalia a 13% da população carcerária. Em junho de 2016, era de 28%. Há mais presos por tráfico (176.691) do que por roubo e latrocínio (170.216), furto (73.781) e homicídio (68.553).[6]

---

2 DEPEN/Fórum Brasileiro de Segurança Pública (2016). Não estão incluídas no levantamento informações sobre pessoas em "prisão albergue domiciliar" ou submetidas a "monitoramento eletrônico", outras formas de privação da liberdade.

3 ICPR [s.d.].

4 População estimada pelo IBGE: https://cidades.ibge.gov.br/.

5 Arguição de Descumprimento de Preceito Fundamental (ADPF) n. 347, relator ministro Marco Aurélio, julgamento em 9 set. 2015.

6 Para 2005, ver "Lei de drogas vem causando lotação no sistema penitenciário" (2015). Para o ano 2016, ver DEPEN/Fórum Brasileiro de Segurança Pública (2016).

Em relação às mulheres, a proporcionalidade é ainda mais extrema: é o crime praticado por 62% das presidiárias. Entre 2000 e 2016, a quantidade de presas no Brasil cresceu 656%. Em virtude da nova política de repressão ao tráfico de drogas iniciada em 2006, o Brasil tem a quarta população carcerária feminina do planeta (42.355 em números absolutos; em 2005 eram 12.900) e a terceira taxa de encarceramento de mulheres (40,6%), superada apenas pelos Estados Unidos e pela Tailândia.[7]

Evolução histórica

A política pública de reprimir o consumo e o fornecimento de drogas no Brasil começa a tomar corpo na década de 1920, a partir de pressões da comunidade internacional. A Liga das Nações, embrião da Organização das Nações Unidas (ONU), já se reunia para discutir o consumo de ópio e de cocaína, que aparentemente se difundiu a partir da Primeira Guerra Mundial.

O Decreto n. 4.294/1921, do presidente Epitácio Pessoa, fixa pena de um a quatro anos de "prisão celular" para o comércio de "substâncias venenosas" com "qualidade entorpecente", mencionando especificamente o ópio, a cocaína e seus derivados. O decreto cria estabelecimentos distintos para a internação dos condenados e para a internação de usuários, que poderia ser resultante de pedido dos próprios familiares ou de determinação do poder público, desde que comprovada a necessidade de tratamento ou sendo "evidente" a sua urgência, "para evitar a prática de atos criminosos ou a completa perdição moral".

Até então, a preocupação do legislador é lateral. O Código Penal dos Estados Unidos do Brasil, decretado em 1890, prevê apenas

---

7 INFOPEN Mulheres (2018).

90　A QUESTÃO LEGAL

multa para quem "expor à venda ou ministrar substâncias venenosas sem legítima autorização e sem as formalidades previstas nos regulamentos sanitários".

A maconha, "veneno verde", de consumo tradicional no Brasil, é moralmente repelida e considerada por autoridades médicas um estímulo à criminalidade,[8] mas está fora do parâmetro legal preventivo e repressivo. Os usuários só são alcançados pela polícia no contexto da limpeza urbana de bêbados e vagabundos.

É com o Decreto n. 20.930/1932, de Getúlio Vargas, que a maconha (*Cannabis indica*) entra para a relação oficial de "substâncias tóxicas de natureza analgésica ou entorpecente". A pena para o consumidor é de três a nove meses de cadeia. O fornecimento é punido mais gravemente, com um a cinco anos de prisão. A "procura da satisfação de prazeres sexuais" é circunstância agravante do delito.

Foi um longo percurso até que o tráfico se transformasse em atividade desenvolvida por organizações criminosas, em inimigo público internacional número um, com os Estados Unidos se consolidando na liderança da repressão mundial.

No Brasil, facções criminosas disputam o controle territorial da produção e da distribuição. O delito é equiparado a "crimes hediondos" pela Lei n. 8.072/1990, com severas consequências de natureza processual para réus e condenados.

Foi um longo percurso, também, até que movimentos liberalizantes conseguissem obter licenças para o consumo de maconha. O tema deixou de ser palavra de ordem *hippie* e tem a adesão de publicações de prestígio, como *The Economist*, e de personalidades como Bill Clinton e Fernando Henrique Cardoso.[9]

8　Sobre a presença da droga no país, ver França (2015).
9　Carvalho Filho (2014).

A verificação da quantidade de recursos públicos direcionados para a repressão, que, contraditoriamente, fortalece o crime organizado, e que poderia ser investida em saúde e educação ampliou o leque de apoiadores à descriminalização, que em muitos lugares ainda encontra resistência de ordem moral.

É o caso do Brasil. Segundo o Datafolha, que desde 1995 realiza pesquisas sobre o tema, cresce o apoio à legalização da maconha no Brasil, mas a descriminalização ainda é rejeitada pela maioria (66%) da população.[10]

Países como Canadá, Holanda, Espanha e Uruguai, cada um a seu modo, adotaram políticas mais tolerantes. Nos Estados Unidos, diversos estados aprovaram leis permitindo o uso medicinal ou recreativo da droga.

Já é um grande negócio. O grupo Altria, proprietário da famosa marca de cigarros Marlboro, gastou US$ 1,8 bilhão para adquirir 45% das ações da empresa canadense Cronos, produtora de maconha, e assim expandir e diversificar o seu horizonte de investimentos.[11]

Enquanto as prisões brasileiras estão repletas de pessoas acusadas ou condenadas por crimes relacionados ao fornecimento e ao consumo, a indústria legal da maconha movimentou em 2018, só nos Estados Unidos, cerca de US$ 10,4 bilhões, proporcionando 250 mil empregos dedicados apenas ao manejo de plantas.[12]

---

10 "Cresce apoio à legalização da maconha no Brasil" (2018).
11 Pozzi (2018).
12 Flaccus (2018).

Lei atual

As penas previstas na Lei n. 11.343/2006 para quem, para consumo pessoal, "adquirir, guardar, tiver em depósito, transportar ou trouxer consigo" e para quem "semeia, cultiva ou colhe plantas destinadas à preparação de pequena quantidade" são: I) "advertência sobre os efeitos das drogas"; II) "prestação de serviços à comunidade"; e III) "medida educativa de comparecimento a programa ou curso educativo". Podem ser aplicadas pelo prazo máximo de cinco meses (dez meses em caso de reincidentes). Se o condenado injustificadamente se recusar ao cumprimento das medidas, o juiz poderá submetê-lo a "admoestação verbal" e multa. Em outras palavras, a norma é ineficaz do ponto de vista repressivo, mas submete o consumidor aos constrangimentos decorrentes do emaranhado burocrático policial e judicial.

Em relação ao consumidor, a questão jurídica atual é a do exame da compatibilidade entre a conduta que pune criminalmente o porte de drogas, ainda que sem os rigores do aprisionamento, e os princípios constitucionais que asseguram a inviolabilidade da intimidade e da vida privada.[13]

Para quem "oferecer droga, eventualmente e sem objetivo de lucro, a pessoa de seu relacionamento, para juntos consumirem", a punição é de detenção de seis meses a um ano, que pode ser substituída por penas alternativas.

Para o crime de tráfico, a pena é de cinco a quinze anos de reclusão. Na legislação anterior (Lei n. 6.368/1976), a pena mínima

---

13 Desde 2011, tramita no STF o Recurso Extraordinário n. 635.639. A matéria foi submetida ao Plenário, e o julgamento, após o voto do ministro Gilmar Mendes declarando a inconstitucionalidade da punição do porte de drogas para consumo próprio, e de dois votos mais restritivos, alcançando apenas o porte da maconha, deveria ter sido retomado em 5 de junho de 2019.

MACONHA: OS DIVERSOS ASPECTOS, DA HISTÓRIA AO USO 93

era de três anos. Esse aumento contribui decisivamente para o crescimento da população carcerária no Brasil.

Em tese, a pena do tráfico pode sofrer redução de um sexto a dois terços "desde que o agente seja primário, de bons antecedentes, não se dedique às atividades criminosas nem integre organização criminosa". A lei estabelece a pena de três a dez anos de reclusão para a associação de duas ou mais pessoas para o fim de praticar, reiteradamente, o crime de tráfico.

Para se determinar se a droga apreendida se destina a consumo pessoal, o que excluiria a condição de traficante, o juiz "atenderá à natureza e à quantidade de substância apreendida, ao local e às condições em que se desenvolveu a ação, às circunstâncias sociais e pessoais, bem como à conduta e aos antecedentes do agente".

Na prática, dada a rigidez judicial na sua aplicação cotidiana e diante da falta de critérios objetivos de diferenciação das condutas, a lei se torna draconiana.

Há pouca informação sobre a relação entre presos e a quantidade de droga apreendida, mas estudos empíricos e localizados apontam uma distorção não prevista pelo legislador. Trabalho publicado em 2015, a partir de dados sobre prisão em flagrante, revela que, se o Brasil tivesse adotado quantidades-limite como critério objetivo de diferenciação entre traficantes e consumidores, como fazem diversos países, poderia ter evitado (só no estado de São Paulo em 2011) o encarceramento de até 3.288 usuários de maconha e 2.186 usuários de cocaína.[14]

Na falta de uma política nacional estruturada em relação às drogas,[15] o STF, apesar de sua lerdeza institucional, tem corrigido

---

14 Carlos (2015).
15 Pedro Abramovay foi demitido pela ex-presidente Dilma Rousseff dez dias depois de ser nomeado para a Secretaria Nacional de Políticas sobre Drogas

94 A QUESTÃO LEGAL

eventuais aberrações contidas na lei, mas sem impedir ou reverter o crescimento desmesurado de prisões.

Referências

CARLOS, J. O. *Política de drogas e encarceramento em São Paulo, Brasil*: relatório de informações. Londres: International Drug Policy Consortium Publication, set. 2015. Disponível em: http://fileserver.idpc.net/library/IDPC-briefing-paper_Drug-policy-in-Brazil-2015_PORTUGUESE.pdf. Acesso em: 30 dez. 2019.

CARVALHO FILHO, L. F. Maconha. *Folha de S.Paulo*, 20 dez. 2014.

CRESCE apoio à legalização da maconha no Brasil. *Datafolha*, 8 jan. 2018. Disponível em: http://datafolha.folha.uol.com.br/opiniaopublica/2018/01/1948796-cresce-apoio-a-legalizacao-da-maconha-no-brasil.shtml. Acesso em: 30 dez. 2019.

DEPARTAMENTO PENITENCIÁRIO NACIONAL (DEPEN)/ FÓRUM BRASILEIRO DE SEGURANÇA PÚBLICA. *Levantamento Nacional de Informações Penitenciárias Atualização jun. 2016.* Disponível em: http://depen.gov.br/DEPEN/depen/sisdepen/infopen/relatorio_2016_22-11.pdf. Acesso em: 30 dez. 2019.

FLACCUS, G. Indústria da maconha legal teve ano excepcional em 2018. *Valor Econômico,* 29 dez. 2018.

---

porque, em entrevista jornalística, defendeu reforma legislativa para o estabelecimento de penas alternativas para "pequenos traficantes". Ver "Secretário cai depois de criticar prisão de pequeno traficante" (2011).

FRANÇA, J. M. C. *História da maconha no Brasil*. São Paulo: Três Estrelas, 2015.

INFOPEN Mulheres. 2018. Disponível em: http://antigo.depen.gov.br/DEPEN/depen/sisdepen/infopen-mulheres/infopen-mulheres_arte_07-03-18.pdf.

INSTITUTE FOR CRIMINAL POLICY RESEARCH (ICPR). Highest to lowest – Prison population total. Londres, [s.d.]. Disponível em: http://www.prisonstudies.org/highest-to-lowest/prison-population-total. Acesso em: 30 dez. 2019.

LEI de drogas vem causando lotação no sistema penitenciário. *Agência USP de Notícias*, 24 nov. 2015. Disponível em: http://www5.usp.br/101424/lei-de-drogas-vem-causando-lotacao-no-sistema-penitenciario/. Acesso em: 30 dez. 2019.

POZZI, S. Fabricante do Marlboro entra no mercado da maconha. *El País*, 11 dez. 2018.

SECRETÁRIO cai depois de criticar prisão de pequeno traficante. *Folha de S.Paulo*, Cotidiano, 22 jan. 2011.

8. O uso terapêutico dos canabinoides: novas perspectivas e informações clínicas

Dartiu Xavier da Silveira Filho[1]

Rodrigo Nikobin[2]

Este capítulo, longe de ter como seu objetivo esgotar o tema, pretende – e apenas pretende –, em suas poucas páginas, dar conta de informações clínicas sobre o uso de canabinoides, substâncias naturais encontradas na *Cannabis* que ativam os receptores canabinoides encontrados no organismo. A linguagem que aqui se emprega, como o próprio leitor poderá constatar, é simples e objetiva, em detrimento de tecnicismos que pouco ou nada se prestam à difusão do conhecimento. Optamos, nesta ocasião, pela utilização de uma redação leiga e direta.

---

1 Médico psiquiatra, professor livre-docente do Departamento de Psiquiatria da Escola Paulista de Medicina da Universidade Federal de São Paulo (Unifesp), professor convidado da Université Paris VII, consultor do Ministério da Saúde, professor-orientador do grupo Cochrane do Brasil, membro da International Association for Analytical Psychology e da Sociedade Brasileira de Psicologia Analítica. É pesquisador-colaborador da University of California, Los Angeles (UCLA).

2 Advogado, pós-graduando da Faculdade de Direito da Universidade de São Paulo (USP), e pesquisador do Departamento de Psiquiatria da Escola Paulista de Medicina da Universidade Federal de São Paulo (EPM-Unifesp).

Inicialmente serão abordados aspectos elementares da farmacodinâmica dos canabinoides e da fisiologia do sistema canabinoide endógeno; em especial – como não poderia deixar de ser – aqueles que dizem respeito à inter-relação entre os canabinoides e o organismo humano. A partir dessa introdução, passaremos às informações clínicas a respeito do uso terapêutico dos canabinoides no tratamento de doenças neurológicas e transtornos psiquiátricos, os quais – em razão da extensão proposta para o presente capítulo – se limitaram apenas aos transtornos de natureza psicótica e ao transtorno de estresse pós-traumático (TEPT).

Seguindo as informações e novas perspectivas clínicas sobre o uso dos canabinoides, será abordada a questão do consumo dos canabinoides sintéticos, tema atualmente em voga não só em razão de sua atualidade – eis que criados e desenvolvidos apenas na década de 1990 –, mas também pela necessidade de que este debate seja trazido à tona e desde já incluído na ingênua pauta brasileira em matéria de políticas públicas sobre drogas. Finalmente, e já a poucas páginas de seu fim, este capítulo propõe como conclusão um debate interdisciplinar a respeito do uso terapêutico de substâncias psicoativas e os efeitos adversos causados pelas guerras às drogas e pelas políticas proibicionistas que hoje – talvez mais do nunca – norteiam a agenda brasileira em matéria de saúde e segurança pública.

Introdução

O uso de substâncias psicoativas vem sendo feito pela humanidade há milênios. Embora as particularidades desse uso possam variar de acordo com o contexto histórico, ou mesmo segundo as características socioculturais das populações analisadas, a verdade é que o uso de substâncias psicoativas pode ser considerado – pois assim propriamente se revelou – um fenômeno social de caráter universal.

Tão intrínseca à nossa condição de animal que somos – e por mais incrível que isso possa parecer –, essa característica é curiosamente compartilhada também por animais de outras espécies, como macacos e ratos. Para o psicofarmacólogo estadunidense dr. Ronald Siegel, esse impulso por parte do indivíduo em direção a uma alteração de seu estado de consciência (em inglês, *pursuit of intoxication*), ainda que momentaneamente, poderia ser alçado ao lado de necessidades humanas tão básicas quanto a fome, a sede e o sexo.

Em termos gerais, o consumo dessas substâncias pode ser vislumbrado sob três prismas distintos: os usos de natureza recreacional, religiosa ou terapêutica, ainda que em determinadas situações – por se tratar da mente humana, afinal – as fronteiras que separam uns dos outros não sejam de fácil delimitação.

Importa aqui destacar, por oportuno, que, a partir do contexto em que o uso da substância psicoativa tem lugar, é possível identificar – com certa, mas não absoluta, previsibilidade – o objetivo buscado pelo indivíduo que está a consumi-la. Dependendo da situação, é até mesmo necessário considerar o objetivo buscado por aquele que administra a substância psicoativa a outro indivíduo, caso que mais se aproxima da hipótese do uso terapêutico de substâncias psicoativas.

Retrospectiva histórica do uso terapêutico *da* Cannabis

O uso terapêutico da *Cannabis* é relatado pela literatura médica há milênios.

O emprego da *Cannabis* na medicina – como o de diversas outras substâncias – se encontra em contínuo aperfeiçoamento; tanto é assim que, em meio a erros e acertos, botânicos, químicos, farmacologistas e médicos hoje continuam a empreender esforços para levar a cabo um trabalho que teve início na Idade Antiga, quando o cirurgião chinês Hua To [华佗] (*c.* 148-207 a.C.) a utilizava como um anestésico.

Estudos farmacológicos e fitoquímicos sugerem que as propriedades encontradas nos canabinoides – de uma forma ou de outra – podem ser utilizadas no tratamento de uma série de doenças.

A farmacodinâmica dos canabinoides

A farmacodinâmica é um ramo da farmacologia que se dedica ao estudo dos efeitos causados pela ação de determinada substância sobre o organismo. As respostas produzidas pelo organismo – denominadas "respostas farmacológicas" – estão relacionadas aos efeitos causados pela ligação dessa substância a determinado constituinte celular (*i.e.*, enzimas, moléculas transportadoras, canais iônicos e receptores). Importa aqui registrar que, para fins do presente artigo, nos vale tão somente abordar os receptores.

Os receptores funcionam no organismo como uma espécie de fechadura que é aberta quando lhe é apresentada a chave correspondente. Quando a fechadura (*i.e.*, receptor) reconhece a chave (*i.e.*, substância) – em outras palavras, quando se tem uma interação bioquímica entre o receptor e a substância –, tem-se o desencadeamento de inúmeros efeitos no organismo, efeitos os quais, em conjunto, correspondem à resposta biológica do organismo à substância.

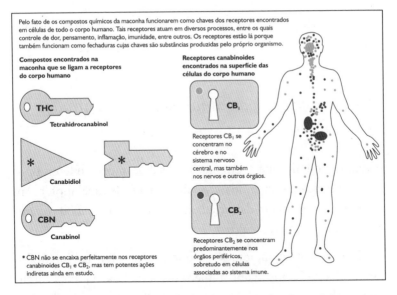

Figura 8.1 Por que os canabinoides exercem tantos efeitos diferentes no cérebro e em todo o corpo humano? Fonte: adaptada de Sulak (2015).

O sistema endocanabinoide

O sistema endocanabinoide (SEC) – também conhecido como sistema canabinoide endógeno (ECS) – foi descoberto no final da década de 1960. O SEC é constituído pelos receptores canabinoides (CB1 e CB2), pelos endocanabinoides, pelas enzimas envolvidas no seu metabolismo e pelo respectivo transportador na membrana celular.

Os receptores CB1 estão concentrados em maior quantidade nas regiões do cérebro onde estão localizados os terminais nervosos pré-sinápticos (*i.e.*, córtex, hipocampo, cerebelo, hipotálamo), mas também são encontrados no sistema nervoso periférico.

Os receptores CB2, por sua vez, são encontrados em maior quantidade no sistema imunológico, baço e amídalas, ainda que, como os CB1, possam ser identificados de igual modo no sistema nervoso.

O uso terapêutico de canabinoides encontrados na maconha

Estudos apontam que a *Cannabis* possui ao menos oitenta tipos de canabinoides. A quantidade e a diversidade de canabinoides em cada planta dependem da variedade (*i.e.*, *sativa*, *indica* ou *ruderalis*) e das condições de cultivo.

Dois desses canabinoides – tecnicamente "fitocanabinoides" – foram objeto de um maior número de pesquisas, e juntos tornaram-se objeto de uma vasta literatura médica sobre sua utilização: (i) o tetrahidrocanabinol (THC) e (ii) o canabidiol (CBD). Embora seja possível encontrar dezenas de canabinoides na *Cannabis*, o THC e o CBD são os mais estudados até o momento.

O CBD é um canabinoide cujos efeitos são conhecidos no campo do tratamento de distúrbios neurológicos, em especial os transtornos epiléticos, em função de sua ação anticonvulsivante. Estudos demonstram que aproximadamente um terço dos casos de epilepsia, tanto em adultos quanto em crianças, são refratários aos tratamentos convencionais. A *Cannabis*, contudo, tem se mostrado uma alternativa promissora para esses casos.

Dentre as variedades de maconha medicinal disponíveis, aquelas ricas em canabidiol (CBD) aparentemente seriam responsáveis pelos efeitos antiepilépticos da maconha, embora seu mecanismo de ação ainda não esteja devidamente elucidado. A doença de Parkinson é um dos transtornos degenerativos de maior incidência na população idosa. O THC pode apresentar melhora de diversos sintomas da doença. Pacientes portadores de esclerose múltipla

MACONHA: OS DIVERSOS ASPECTOS, DA HISTÓRIA AO USO 103

relatam melhora significativa dos sintomas com o uso de canabinoides, que lhes restaura a funcionalidade.

Além dos transtornos mencionados, diversos estudos sugerem haver evidências consistentes dos efeitos benéficos da maconha medicinal em doenças como HIV e Aids, caquexia, náuseas e vômitos relacionados a quimioterapia e alguns tipos de tumores, como gliomas.

Transtornos psicóticos

Embora tenha sido levantada a hipótese de que o uso de maconha pudesse causar esquizofrenia, estudos mais aprofundados questionam uma relação direta de causalidade. O que se sabe é que o uso de maconha pode desencadear quadros psicóticos em indivíduos predispostos, sobretudo se o consumo se inicia precocemente na adolescência.

Em contrapartida, diversos estudos sugerem justamente o oposto, ou seja, um efeito antipsicótico de alguns canabinoides. Vale aqui mencionar as conclusões de um estudo realizado na Alemanha, segundo o qual a administração do CBD a pacientes esquizofrênicos resultaria tão eficaz quanto a amissulprida, antipsicótico amplamente utilizado para o tratamento de sintomas da esquizofrenia. A literatura médica vai além, e hoje diversas pesquisas relatam que o CBD tem um efeito atenuante sobre sintomas psicóticos.

De qualquer forma, a utilização de maconha poderia representar um risco considerável em indivíduos predispostos a psicoses, como adolescentes ou pessoas com história pregressa de psicose.

104 O USO TERAPÊUTICO DOS CANABINOIDES

Transtornos relacionados a traumas e a estressores

Os transtornos relacionados a traumas e a estressores são desencadeados em função de um evento traumático ou estressante. Dentre eles estão: (i) transtorno de apego reativo; (ii) transtorno de interação social desinibida; (iii) transtorno de estresse pós-traumático (TEPT); (iv) transtorno de estresse agudo; e (v) transtorno de adaptação. É comum que pacientes diagnosticados com transtornos relacionados a traumas manifestem sentimentos de culpa, humilhação e rejeição, os quais – sob determinadas circunstâncias – podem levá-los a quadros dissociativos, ataques de pânico, ilusões e alucinações. Especificamente no que diz respeito ao TEPT, observa-se em muitos casos um comprometimento da memória e da concentração.

A administração de canabinoides a pacientes logo após a exposição ao trauma tem se mostrado um meio eficaz de reduzir o impacto da memória traumática, uma vez que atuam na modulação de processos da memória de experiências emocionais. Interferindo no processo de consolidação da memória traumática, os canabinoides fazem com que o registro do evento seja processado e armazenado na memória primária (*i.e.*, memória de curto prazo), dificultando, portanto, o acesso a seu conteúdo e, em consequência, evitando que o trauma seja revivido com clareza.

Canabinoides sintéticos: mito ou realidade?

A progressiva legalização do uso da maconha, como se espera de qualquer produto inserido na lógica do capital, acabou por criar um ambiente interessante para empreendedores de todos os ramos de negócios.

De cosméticos a eletrônicos, o céu é o limite quando se tem uma boa ideia em mãos. Não podemos, contudo, desconsiderar que a inovação desmedida, cujos produtos sob a luz de holofotes são lançados em feiras por todo o mundo, pode ser tão danosa quanto a escuridão do desconhecido.

Para além da questão comercial, guiada, portanto, pela lógica da oferta e da demanda, as substâncias psicoativas sintéticas encontraram na produção intrafronteira um ambiente extremamente cômodo e propenso ao seu desenvolvimento.

Com cercos cada vez mais estreitos no que diz respeito ao mapeamento pelos serviços de inteligência das rotas internacionais do tráfico, a importação do insumo *in natura* dos países produtores (*i.e.*, Afeganistão, Bolívia, Colômbia) se tornou cada vez mais cara e arriscada. O que as autoridades pelo visto não perceberam é que os ingredientes utilizados na cadeia de produção de substâncias psicoativas sintéticas são comumente encontrados em qualquer laboratório de química de uma escola de Ensino Médio, quando não são vendidos pela internet. Estudos revelaram, por exemplo, que 4 mil laboratórios chineses atualmente vendem o alminoalquidinol JWH-018 ou WIN-55212-2, que são canabinoides sintéticos e potentes agonistas dos receptores CB1.

Essa conjuntura, vislumbrada na soma da impossibilidade de acesso aos insumos *in natura* com o aumento de fontes de fornecimento de produtos sintéticos – e sem o menor controle, diga-se de passagem –, criou, a bem da verdade, um espaço sem precedentes para o fomento da produção de substâncias psicoativas sintéticas. Trata-se de uma questão que certamente deve ser incluída na agenda de políticas públicas sobre entorpecentes.

Retomando a questão da manipulação dos canabinoides ou mesmo sua síntese, o que hoje se vê é que essas substâncias têm se mostrado decerto extremamente mais perigosas do que a planta *in natura*. Isso significa, sim, que o uso de canabinoides sintéticos pode ser mais nocivo que o uso tradicional da *Cannabis*.

Os canabinoides muitas vezes causam no indivíduo uma resposta farmacológica de euforia ou desinibição, como acontece com o álcool. Mas, se levados a um nível de concentração artificialmente elevado, teremos como resultado uma pessoa possivelmente agressiva e sem o menor autocontrole. Isso ocorre porque canabinoides sintéticos apresentam uma afinidade muito maior pelos receptores CB1 do que os canabinoides naturais encontrados na planta de maconha. Como consequência, ocasionam mais danos e até mesmo a morte, em determinadas circunstâncias, dos indivíduos que deles fazem uso.

Supõe-se que o aparecimento desses produtos, extremamente perigosos, seja consequência das medidas proibicionistas que dificultam o acesso dos usuários à *Cannabis in natura*, causando, assim, danos incomparavelmente maiores.

Onde estamos e para onde vamos?

O uso medicinal e recreacional de maconha vem sendo legalizado por uma série de países nos últimos anos. Diferentemente do que se acredita, a legalização do uso da maconha, ou mesmo de outras substâncias psicoativas – independentemente de seu emprego –, não aumentou seu consumo nem incitou a criminalidade. Justamente o oposto: o que se viu na realidade foi a diminuição dos crimes relacionados ao consumo.

Com a regulamentação do uso de substâncias psicoativas pelo Estado, os usuários se veem envoltos em um ambiente que, tanto sob o aspecto jurídico como social, resguarda seus interesses de "uso" ou "consumo". Protegidos, esses usuários passam também a ter acesso a produtos de melhor qualidade e cuja composição é cientificamente conhecida, uma vez estes são agora controlados por órgãos do próprio governo. Com isso, ocorre uma diminuição nos riscos associados ao seu uso.

A legalização da maconha, bem com a desmistificação do seu uso, permite ainda que se adotem políticas de educação e prevenção, além de facilitar o acesso dos usuários – em geral, já marginalizados – ao sistema público de saúde. O impacto da legalização nas taxas de dependência e transtornos mentais desencadeados por seu uso ainda não foi suficientemente investigado.

Importa aqui registrar que os riscos relacionados a uma ou outra substância psicoativa podem ser calculados a partir do conhecimento, pelo usuário, dos danos decorrentes desse consumo. Isso significa que quanto mais a par esteja a sociedade, ou o próprio usuário, dos efeitos do uso de determinadas substâncias, estarão todos sujeitos em menor escala aos riscos advindos do uso delas. Daí a importância da desmistificação do uso de substâncias psicoativas.

Em 2010, um importante estudo foi publicado pela prestigiosa revista inglesa *The Lancet*, no qual pesquisadores orientados pelo prof. David Nutt avaliaram os riscos associados ao consumo de diversas drogas. Como esperado, esse estudo revelou que a droga que atingiu os maiores níveis de risco, tanto para seus usuários como para aqueles em seu entorno, foi o álcool. Substâncias ilícitas como ecstasy, LSD, MDMA e psilocibina foram aquelas cujo consumo estava associado aos menores níveis de risco.

A partir dessa constatação, questiona-se: isso significa que deveríamos proibir o uso de álcool? De forma alguma, pois os resultados seriam tão desastrosos quanto os da Lei Seca nos Estados Unidos, e os problemas com os quais temos hoje de lidar somente se agravariam. Esse estudo inglês demonstra o quanto o fato de uma substância psicoativa ser lícita ou ilícita não tem qualquer relação com os danos por ela ocasionados.

Com relação a quem usa drogas de forma controlada, cabem medidas de prevenção para se evitar prejuízos decorrentes desse consumo dentro do que se denomina genericamente de "medidas de redução de danos ou de riscos". No âmbito das políticas públicas, diante do fracasso da "Guerra às Drogas" lançada por Ronald Reagan, preconiza-se a priorização de medidas não punitivas e não coercitivas, de caráter pedagógico e preventivo, mais próximas de cuidados à saúde pública do que de intervenções repressivas.

Em 2005, a Associação Brasileira Multidisciplinar de Estudos sobre Drogas (ABRAMD) lançou um documento intitulado *Manifesto da maconha*, no qual destacou fatos relevantes, como o relacionado ao encarceramento de usuários nos Estados Unidos. Segundo o documento "Marijuana Prohibition Facts" de 2004, da organização estadunidense Marijuana Policy Project, foram contabilizadas cerca de 13 milhões de detenções por maconha de 1970 até 2004, incluindo 723.627 detenções somente em 2001.

O mais estarrecedor é que cerca de 89% dessas detenções foram por posse da droga, e não por produção ou distribuição. Ou seja, a imensa maioria dessas pessoas estava na prisão tão somente por posse de maconha, e não por tráfico. De acordo com a organização não governamental Stop Prisoner Rape, 290 mil homens foram vitimados nas prisões dos Estados Unidos naquele período, dos quais 192 mil foram vítimas de estupro. Essas vítimas eram majoritariamente jovens, de pequena estatura, não violentos, réus primários e de classe média.

Ironicamente, para esses indivíduos, um dos maiores riscos relacionados ao seu consumo de maconha seria o de serem encarcerados, sofrerem violência sexual e contraírem doenças sexualmente transmissíveis, como a Aids. E o maior paradoxo dessa questão é constatarmos que essas são consequências do proibicionismo, e não do uso da droga em si.

Dessa forma, a descriminalização do uso seria uma maneira de extinguir a prática danosa de encarceramento do usuário. Como princípio, podemos já questionar qual seria o crime se não houve vítima. Considerar o potencial autolesivo das drogas como crime, como querem alguns, nos levaria à necessidade de questionar igualmente a necessidade de se punir compulsivos sexuais, suicidas, obesos e todas as pessoas que apresentem comportamentos excessivos potencialmente danosos.

Contrariamente ao que se pretendia, as políticas de drogas centradas em repressão e proibição agravaram ainda mais o problema. A repressão estimula formas mais perigosas de consumo, como bem ilustra o uso de álcool injetável no período da Lei Seca. Há quem acredite que o aparecimento do crack seja uma decorrência mercadológica da proibição da cocaína. O proibicionismo acarreta o aparecimento de drogas mais perigosas, às quais se acrescentam adulterantes, tornando seu uso potencialmente ainda mais perigoso (como no caso da maconha sintética). Além disso, o proibicionismo estimula um mercado paralelo que envolve corrupção e transgressão, alimentadas por um comércio bilionário.

Diante da complexidade dessas questões e tendo em vista o fracasso das políticas proibicionistas nos últimos cinquenta anos, diversos Estados mudaram o enfoque do problema, distanciando-se dos paradigmas da fracassada "Guerra às Drogas" e defendendo o controle governamental desse mercado.

Assim, perceberam que, enquanto esse mercado está nas mãos dos traficantes, as drogas encontram-se na prática liberadas, de fácil acesso, apesar da qualidade duvidosa do que é oferecido ao usuário. Além disso, a política proibicionista dificulta o acesso desses consumidores a programas de tratamento e prevenção. Muitos familiares de usuários nem mesmo identificam o problema, dada a conotação de ilegalidade envolvida. Sentem-se desconfortáveis ou temerosos em procurar ajuda em decorrência do estigma associado ao uso de uma substância ilícita.

Até mesmo as pesquisas científicas no campo médico se encontram prejudicadas no âmbito do proibicionismo. Assim, estudos científicos que envolvem o uso terapêutico de substâncias consideradas ilegais se tornaram de difícil execução, caindo o número de publicações sobre o tema proporcionalmente ao grau de repressão da política proibicionista. Dessa forma, toda uma produção acadêmica de peso envolvendo o uso terapêutico de *Cannabis* (maconha), estimulantes (MDMA) e alucinógenos (LSD) se vê prejudicada em virtude do preconceito e das dificuldades burocráticas decorrentes do estigma associado a essas substâncias.

A proposta de regulação por parte do Estado seria, portanto, uma forma de normatizar a produção, a distribuição e o consumo, como ocorre com o álcool e o tabaco. Não se trata de banalizar, incentivar ou fomentar o consumo, mas de retirar este controle das mãos dos traficantes, protegendo assim os usuários.

Referências

ABEL, E. L. *Marijuana*: the first twelve thousand years. Nova York: Plenum Press, 1980.

BERARDI, A.; SCHELLING, G.; CAMPOLONGO, P. The endocannabinoid system and Post Traumatic Stress Disorder (PTSD): from preclinical findings to innovative therapeutic approaches in clinical settings. *Pharmacological Research*, v. 111, p. 688-678, 2016.

CABRAL, G. A.; GRIFFIN-THOMAS, L. Emerging role of the CB2 cannabinoid receptor in immune regulation and therapeutic prospects. *Expert Reviews in Molecular Medicine*, v. 11, e3, 2009.

DENEAU, G.; YANAGITA, T.; SEEVERS, M. Self-administration of psychoactive drugs by the monkey: a measure of psychological dependence. *Science*, v. 158, n. 3800, p. 535, 1969.

DI MARZO, V. The endocannabinoid system: its general strategy of action, tools for its pharmacological manipulation and potential therapeutic exploitation. *Pharmacological Research*, v. 60, n. 2, p. 77-84, 2009.

DUDAI, Y. The restless engram: consolidations never end. *Annual Review of Neuroscience*, v. 35, p. 227-247, 2012.

GAONI, Y.; MECHOULAM, R. Isolation, structure, and partial synthesis of an active constituent of hashish. *Journal of the American Chemical Society*, v. 86, n. 8, p. 1646-1647, 1964.

GAUER, R. M. C. Uma leitura antropológica do uso de drogas. *Fascículos de Ciências Penais*, Porto Alegre, v. 3, n. 2, p. 59-64, 1990.

HERMANNS-CLAUSEN, M. et al. Acute toxicity due to the confirmed consumption of synthetic cannabinoids: clinical and laboratory findings. *Addiction*, v. 108, n. 3, p. 534-544, 2013.

IVERSEN, L. L. *The science of marijuana*. 2. ed. Nova York: Oxford University Press, 2007.

LUTZ, B. Molecular biology of cannabinoid receptors. *Prostaglandins Leukotrienes Essent Fatty Acids*, v. 66, n. 2-3, p. 123-142, 2002.

MCGAUGH, J. L. Memory: a century of consolidation. *Science*, v. 287, n. 5451, p. 248-251, 2000.

MCGAUGH, J. L. Make mild moments memorable: add a little arousal. *Trends in Cognitive Sciences*, v. 10, n. 8, p. 345-347, 2006.

MUNRO, S.; THOMAS, K. L.; ABU-SHAAR, M. Molecular characterization of a peripheral receptor for cannabinoids. *Nature*, v. 365, p. 61-65, 1993.

NUTT, D. et al. Drug harms in the UK: a multicriteria decision analysis. *The Lancet*, v. 376, n. 9752, p. 1558-1565, 2010.

SIEGEL, R. K. *Intoxication*: life in pursuit of artificial paradise. Nova York: E. P. Dutton, 1989.

SINGER, M. Anthropology and addiction: an historical review. *Addiction*, v. 107, n. 10, p. 1745-1755, 2002.

SULAK, D. O. An introduction to the endocannabinoid system. *Reset.me*, 11 out. 2015. Disponível em: http://reset.me/story/an-introduction-to-the-endocannabinoid-system/. Acesso em: 23 set. 2020.

VERMETTEN, E.; ZHOHAR, J.; KRUGERS, H. J. Pharmacotherapy in the aftermath of trauma; opportunities in the 'golden hours'. *Current Psychiatry Reports*, v. 16, n. 7, p. 455, 2014.

9. Os usos terapêuticos da maconha

Renato Filev[1]

O emprego da maconha[2] para fins terapêuticos é uma realidade ancestral. A relação entre os *Homo sapiens* e a planta *Cannabis sativa* ultrapassa 10 mil anos. Fósseis trazem evidências de que desde o período Paleolítico existiu o cultivo de maconha, seu manejo e processamento por nós, humanos. A diversidade de benefícios que emergem dessa relação é grande. Considerada detentora de uma das fibras mais resistentes do reino vegetal, a planta vem sendo utilizada como matéria-prima nas indústrias têxtil, naval, automobilística e papeleira há séculos. Os óleos de suas sementes servem para nutrição animal, humana, além de combustível renovável. Essa longa relação atrelada à diversidade de benefícios permite afirmar que a maconha coevoluiu com a nossa espécie.

---

1 Biomédico e pesquisador, doutor em Neurociências pela Universidade Federal de São Paulo (Unifesp). Pós-doutorando no Programa de Orientação e Atendimento a Dependentes (Proad-Unifesp). Pesquisador colaborador do Centro Brasileiro de Informações sobre Drogas Psicotrópicas (Cebrid).

2 *Maconha* é a designação brasileira, genérica e popular de variedades da planta do gênero *Cannabis* com teores consideráveis de Δ9-tetrahidrocanabinol (THC).

114   OS USOS TERAPÊUTICOS DA MACONHA

O imperador chinês Shen Nung promoveu o primeiro relato de consumo da planta para finalidades terapêuticas há cerca de 4.700 anos. No século XX, o avanço das indústrias petroquímica e farmacêutica, interessadas em disputar os mercados que empregavam as propriedades da erva, associado a práticas racistas e criminalizadoras dos hábitos de minorias étnicas, sobretudo de negros e indígenas, podem ser considerados os motivos fundamentais que fomentaram a cruzada mundial para tentar extinguir a maconha do planeta. Na segunda metade do século XX, as convenções internacionais lideradas pela Organização das Nações Unidas (ONU) e ratificadas por mais de 180 nações propuseram a proibição de diversas plantas, de suas moléculas psicotrópicas[3] e a extinção da produção destas. Um fato curioso é que em nenhum momento essas convenções proibiram a produção de tais plantas e substâncias para fins terapêuticos e científicos, ficando ao encargo dos países signatários a regulação do acesso legal a esses cultivos, plantas e insumos para tais finalidades. No Brasil, no entanto, inexplicavelmente, somente em março de 2016 e mediante decisão judicial a Agência Nacional de Vigilância Sanitária (Anvisa) se viu obrigada a regulamentar a prescrição e importação de maconha e seus derivados para finalidades terapêuticas.

Existem alguns inconvenientes para a obtenção desses produtos importados permitidos pela Anvisa. Em primeiro lugar, aquilo que a agência oferece como alternativa terapêutica não possui *status* de medicamento em seus países de origem, onde são comercializados como suplementos alimentares. No Brasil, são autorizados para finalidades terapêuticas mesmo sem apresentarem grau farmacêutico, que é exigido no país para outros medicamentos. Além disso, a burocracia, a necessidade de cadastro, o custo elevado, a dúvida

---

3   Nem todas as moléculas psicotrópicas proibidas nessas convenções apresentam potencial de causar dependência, o canabidiol é uma delas.

MACONHA: OS DIVERSOS ASPECTOS, DA HISTÓRIA AO USO   115

quanto à procedência, a qualidade e a apresentação do produto importado, a incapacidade de conhecer a variedade que foi utilizada para a produção do extrato e o perfil de canabinoides presentes são entraves encontrados por aqueles que se submetem à terapia canabinoide legalmente. Poucos países possuem legislação que lida com produção, distribuição, consumo e comércio internacional para finalidades terapêuticas. Há um distanciamento entre as propriedades dos canabinoides e as pessoas que poderiam usufruir dos seus benefícios terapêuticos. Empresas interessadas em vender a maconha e derivados com grau farmacêutico, que sejam destinados à terapia, estão em expansão, no entanto, poucos produtos estão disponíveis no mercado internacional para essa finalidade. A maioria das iniciativas que legalizaram o uso terapêutico visa suprir o mercado local, obedecendo a regras também locais. As autoridades brasileiras, caso percebessem a importância da matéria, deveriam observar essas iniciativas a fim de avaliar qual modelo é mais inclusivo, acessível e de menor custo aos cofres públicos.

Existe apenas um medicamento fitoterápico produzido com maconha e registrado para comercialização no país.[4] O acesso a ele é menos burocrático que aos importados, mas seu custo ainda é alto para a realidade da população. Sua apresentação farmacêutica é restrita, ou seja, trata-se de um produto que não consegue sanar a abrangente demanda de canabinoides entre as mais variadas enfermidades.

---

4   O Mevatyl é um medicamento fitoterápico apresentado como um *spray* oral produzido com extratos padronizados naturais à base de maconha e contém em sua composição a mesma proporção de THC e CBD. Sua indicação é para espasmos e dor oriundas da esclerose múltipla. Já o dronabinol é um comprimido composto exclusivamente por uma molécula sintética idêntica ao tetrahidrocanabinol (THC) natural e que pode ser importada desde 2000. Sua utilização é aprovada para náusea e vômitos provocados pela quimioterapia do câncer e para caquexia e perda de apetite provocados pela Aids.

116 OS USOS TERAPÊUTICOS DA MACONHA

Outra questão que está no cerne dessa discussão é a regulação da fitoterapia empregada pela Anvisa. São possíveis duas formas de registro para aqueles que desejam comercializar os fitoterápicos. A primeira é o registro como medicamento fitoterápico, que faz que sejam submetidos a um tipo de regulação bastante criteriosa, semelhante à válida para os medicamentos recém-sintetizados, devendo apresentar estudos de segurança e eficácia, por exemplo, passando inclusive pela exigência de prescrição e acompanhamento médico para seu consumo terapêutico. Outra forma de enquadrar os fitoterápicos é considerá-los como produtos tradicionais fitoterápicos.

Nessa modalidade, a regulação é mais branda e não exige prescrição médica ou necessidade de comprovação de eficácia para obter a licença de comercialização da planta para fins terapêuticos. São considerados produtos tradicionais fitoterápicos aqueles registrados com base em informações de longo histórico de uso seguro e efetivo no ser humano, indicados apenas para doenças que possam ser tratadas sem acompanhamento de médico, não podendo ser indicadas para uso injetável ou oftálmico. A Anvisa reconheceu o longo histórico de uso como um período de utilização de pelo menos 30 anos, demandando comprovação do uso tradicional dessas plantas e derivados nesse intervalo.

Causa estranheza observar que a maconha contempla as demandas exigidas pela autarquia para ser notificada como produto tradicional fitoterápico e, no entanto, a própria Anvisa alega incapacidade de inserir a maconha como a 44ª planta da lista de produtos tradicionais por conta das restrições das convenções internacionais. Vale ressaltar que esse imbróglio é político e está aquém dos efeitos terapêuticos ofertados pela planta.

O conhecimento dos efeitos da maconha, descritos há milênios, sua segurança e baixo risco tóxico seriam suficientes para reconhecê-la como produto tradicional fitoterápico. Na primeira metade do século XIX foi publicado o primeiro artigo nos moldes científicos contemporâneos relatando seu potencial antiepiléptico. O médico inglês William Brooke O'Shaughnessy descreveu um relato de caso em que uma tintura de flores de maconha atenuou crises convulsivas em um bebê com quarenta dias de vida. Até o primeiro terço do século XX, o leque de propriedades medicinais da planta recheava páginas de diversas farmacopeias ao redor do globo. Uma nova regulação para o emprego da maconha e seus canabinoides como ferramentas terapêuticas deverá facilitar o acesso e, assim, este poderá se dar de maneira menos custosa, menos restrita e menos arriscada. O uso em sua forma tradicional, em geral, é feito por meio de extratos ou da planta *in natura*. Nos países em que o uso terapêutico é permitido, a maior parcela dos enfermos utiliza a maconha queimando, vaporizando, ingerindo flores, extratos e alimentos contendo canabinoides. Os possíveis eventos adversos são conhecidos, moderados e parte deles é bem tolerada. Infelizmente há pouca compreensão dos órgãos regulatórios como Anvisa, Ministério da Saúde e conselhos de classe sobre a importância de viabilizar o acesso a esses produtos para fins terapêuticos ou científicos de maneira mais abrangente, rápida e menos custosa.[5]

Nem mesmo a autonomia e o protagonismo do enfermo são respeitados por nossa legislação, que não regulamenta o cultivo pessoal para fins terapêuticos. A obtenção de produtos ativos e de

---

5 O Conselho Federal de Medicina (CFM) desencoraja o debate sobre o assunto entre seus pares, mas autoriza a prescrição de extratos enriquecidos com canabidiol (CBD) para indivíduos de zero a 18 anos diagnosticados com epilepsia resistente. Apenas neurologistas, neurocirurgiões e psiquiatras podem prescrever para essa finalidade específica. O conselho desaconselha outras especialidades a prescrever a maconha, e aqueles profissionais que enfrentam essas normas estão sujeitos a punições.

qualidade num cultivo não necessariamente industrializado, caseiro, mediante orientações de boas práticas de manejo, produção, extração e posologia, é hoje realidade. Esta parece ser uma das principais questões entre aqueles que almejam regular a produção nacional. O cultivo demanda certo conhecimento técnico, porém não se trata de algo que impossibilite sua produção pessoal ou coletiva. Em tempos de proibição, a produção pessoal ou associativa é na verdade um dos métodos mais seguros e baratos de se obter componentes canabinoides e conhecer o que se consome. A capacidade de cultivar diferentes variedades de maconha possibilita obter diversos perfis dos canabinoides e outros princípios ativos que compõem a planta, o que pode resultar em efeitos distintos e ampliar a oportunidade terapêutica.

A pluralidade de benefícios observada no aspecto terapêutico deve-se à grande importância do *sistema endocanabinoide* em nosso corpo. Este sistema é responsável por manter diversas funções fisiológicas, metabólicas, psicológicas e patológicas no organismo e por mantê-lo em equilíbrio. É no sistema endocanabinoide que os componentes da maconha interagem com o organismo, principalmente com o sistema nervoso e imunológico. Sua complexidade, redundância de vias metabólicas e multiplicidade na interação de diversas moléculas com vários sistemas de neurotransmissão em diversos tecidos do nosso corpo dão a dimensão da importância desse sistema para o funcionamento do nosso organismo. Assim, é possível que qualquer desequilíbrio nessa comunicação possa resultar no surgimento de enfermidades. Por conseguinte, atuar nele pode dirimir alguns sintomas relacionados a uma diversidade de transtornos que nos afetam.

Nosso corpo produz constantemente canabinoides, similares aos da planta, para atuar em uma diversidade de funções. Sabe-se que esse sistema regula uma série de mecanismos fisiológicos, metabólicos, psicológicos e patológicos. Por conta disso, os fitocanabinoides presentes na planta, capazes de interagir com essa estrutura, podem proporcionar efeitos considerados terapêuticos. De acordo com cada variedade, as resinas das flores e folhas superiores da maconha apresentam teores de canabinoides e terpenos, dentre outras moléculas, o que configura uma diversidade de efeitos que podem ser benéficos para algumas pessoas em certas condições de saúde. Um dos desafios da terapia com canabinoides é encontrar a variedade e o perfil de canabinoides mais adequados a determinada enfermidade naquele indivíduo em específico. Acredita-se que a terapia canabinoide é personalizada. Os efeitos buscados com o uso terapêutico vêm sendo estudados pelos métodos mais atuais de pesquisa biomédica e serão comentados brevemente a seguir.

O uso da planta e derivados mostrou efeitos consistentes na melhora, diminuição ou mesmo desaparecimento dos efeitos no tratamento de dor crônica originária no tecido nervoso. Dores oriundas de câncer, fibromialgia, reumatismo, lesões ou membro fantasma podem ser atenuadas por meio do efeito dos canabinoides. Existem extensos ensaios em um número abrangente de indivíduos que comprovam seus efeitos analgésicos, descritos há milênios. Ainda, o consumo da planta é capaz de promover um potente efeito relaxante e antiespasmódico, o que faz que indivíduos com espasmos ou contrações involuntárias dos músculos sejam beneficiados por suas propriedades. Assim, é utilizada no manejo de doenças que atacam o sistema nervoso, como esclerose múltipla, Parkinson, entre outras.

Ainda existem evidências fortes ou moderadas quanto à comprovação de eficácia dos canabinoides na redução de náusea, vômitos, perda de apetite e caquexia em decorrência de tratamentos que produzem efeitos colaterais importantes, como os quimioterápicos em casos de câncer e Aids. Inclusive, esta foi a primeira indicação

120 OS USOS TERAPÊUTICOS DA MACONHA

legal – ocorrida no ano 2000 – do uso terapêutico dos canabinoides no Brasil pós-proibição. A planta pode atuar da mesma forma que os antieméticos vendidos nas farmácias, diminuindo os desconfortos e auxiliando a ingestão de alimento, que é parte essencial da recuperação do paciente. A maconha ainda pode provocar aumento de bem-estar, motivação, melhora do sono, apetite, humor e qualidade de vida, que configuram características importantes quando se elencam fatores relevantes para a reabilitação e remissão de doenças.

Atualmente, o uso terapêutico de maior notoriedade é o emprego da maconha por indivíduos que sofrem de epilepsia. Os componentes presentes na planta, sobretudo o canabidiol (CBD) e a canabidivarina (CBDV), mas também o tetrahidrocanabinol (THC), apresentam propriedades anticonvulsivantes. São moléculas que atenuam a atividade cerebral e podem reduzir drasticamente as crises convulsivas. Essa propriedade entrou fortemente em pauta por conta de inúmeros casos de crianças que apresentam alguma síndrome genética que causa má-formação do tecido nervoso e desenvolvimento de epilepsia. Aproximadamente um terço dos pacientes epilépticos é resistente ao tratamento com anticonvulsivantes convencionais e pode encontrar nos extratos de maconha um excelente adjuvante para atenuação das crises e diminuição dos efeitos colaterais.

Desde o caso descrito por O'Shaughnessy, as pesquisas avançaram. O professor Elisaldo Carlini teve o protagonismo na descrição desses efeitos em modelos animais e humanos desde a década de 1970. Embora tardiamente, a disputa política no Brasil para a regulamentação dessa propriedade da maconha vem sendo travada pelas famílias dos indivíduos acometidos por essas condições, e as autoridades governamentais estão sendo obrigadas a reconhecer os benefícios dos canabinoides no tratamento da enfermidade.

MACONHA: OS DIVERSOS ASPECTOS, DA HISTÓRIA AO USO 121

Os canabinoides podem contribuir para o tratamento de doenças de grande relevância na saúde pública, como diabetes, obesidade e síndrome metabólica. Estudos apontam que a maconha pode proteger o organismo de uma possível intolerância a insulina. Outros estudos mostram um futuro promissor na aplicação da planta para o tratamento de doenças intestinais como a síndrome do intestino irritável e a doença de Crohn. Em alguns casos, pacientes apresentam uma remissão total dos sintomas provocados pela doença. Outras evidências mostram o potencial da planta para induzir o sono, atuando como hipnótica e podendo ser benéfica para o tratamento da insônia sem os eventos adversos, como a "ressaca", dos benzodiazepínicos.

Existem investigações em curso sobre o potencial dos canabinoides para o tratamento de doenças psiquiátricas. Estudos realizados na Faculdade de Medicina de Ribeirão Preto, da Universidade de São Paulo (USP), demonstraram que o CBD, componente da maconha, pode atuar como antipsicótico. Os transtornos psicóticos carecem de novos fármacos que reduzam os sintomas da doença e que provoquem poucos eventos adversos, e os canabinoides são uma grande promessa neste sentido. Outros transtornos vêm sendo alvo das investigações no que tange ao potencial terapêutico dos canabinoides em psiquiatria: ansiedade (também com importante contribuição do grupo de Ribeirão Preto), depressão, transtorno de uso de substâncias, transtorno do espectro autista e esquizofrenia são exemplos. No entanto, estudos mais aprofundados e com diferentes metodologias se fazem necessários para elucidar tais evidências.

Uma das grandes promessas está na possibilidade de os componentes da planta produzirem efeitos antitumorais. Em estudos preliminares, testados em animais, células ou tecidos, os canabinoides apresentaram diversos efeitos de inibição de alimentação,

122 OS USOS TERAPÊUTICOS DA MACONHA

proliferação e migração de diferentes linhagens tumorais. Esses achados podem fazer que os canabinoides sejam aplicados não apenas no tratamento das náuseas e vômitos provocados pela quimioterapia, mas também sejam uma peça importante na eliminação da doença. É importante frisar que esses efeitos ainda não foram devidamente comprovados em humanos. Apenas um único ensaio clínico foi realizado nesse sentido, e não se sabe ao certo para quais tipos de tumores esse tratamento pode funcionar. Fazem-se necessários novos estudos clínicos, com metodologias rigorosas para concluir a eficácia terapêutica do tratamento. Ainda, informações como dosagem, via de administração, posologia, concentração de canabinoides, entre outras, são essenciais para que o tratamento seja considerado uma opção no combate ao câncer.

Diversos estudos estão avaliando os potenciais dos canabinoides no tratamento de doenças neurológicas, cardiovasculares, inflamatórias, hepáticas, gástricas, dérmicas, entre outras. É possível que nos próximos anos novas aplicações terapêuticas da planta e de seus compostos sejam descritas no formato exigido pelas instâncias regulatórias.

O uso terapêutico, aplicado sob as condições controladas dos estudos clínicos, apresenta níveis de eventos adversos e dependência baixos. Os efeitos colaterais são considerados leves ou moderados. Desorientação, sensação de embriaguez, falta de atenção, tontura, humor eufórico, depressão e prejuízo na memória foram relatados pelos pacientes que participaram desses estudos. Ainda, 10% dos tratados optam por descontinuar o uso em virtude desses eventos. Trata-se de um número semelhante àqueles que abandonam qualquer terapia com outros medicamentos.

A avaliação de pacientes que consomem esses compostos por longos períodos não relatou nenhum problema grave depois de anos de administração. Segundo a vasta história da literatura médica, sabe-se que nunca houve um único relato de morte causada diretamente por intoxicação pela planta. O uso *recreativo* por adultos provoca efeitos conhecidos e de gravidade moderada quando comparados a outras substâncias psicoativas ou fármacos. Especialmente adolescentes devem ter cautela com o consumo. Transtornos neuropsiquiátricos de longo prazo, como alteração no humor, ansiedade, psicose, ideação suicida, aumento da vulnerabilidade e dependência, vêm sendo associados em maior proporção entre os adolescentes que fazem habitualmente o consumo de maconha durante essa fase da vida, quando comparados àqueles que não a consomem.

Estudos que buscam os efeitos colaterais do uso crônico, de longa duração, da maconha se deparam com o desafio de eliminar a diversidade de variáveis que evidenciam os malefícios ligados exclusivamente ao consumo excessivo. Um famoso exemplo foi o estudo de Dunedin, na Nova Zelândia, publicado em uma importante revista da área, que investigou ao longo de 39 anos todos os nascidos vivos na cidade. Foi constatado pelos pesquisadores que houve diminuição de 8 pontos no quociente de inteligência (QI) dos cidadãos que iniciaram o consumo da planta antes dos 18 anos. No entanto, um revisor independente publicou uma reavaliação dos resultados, demonstrando que variáveis socioeconômicas não haviam sido levadas em conta na primeira análise. Quando estas foram corrigidas, a relação direta entre o decréscimo no QI e o uso de maconha desapareceu.

A maconha, em especial o THC, pode diminuir o limiar de um surto psicótico, o qual, caso ocorra, pode precipitar o aparecimento de um quadro crônico em indivíduos predispostos ao aparecimento do transtorno. Assim, é importante enfatizar que a maconha não é causadora da esquizofrenia, um transtorno multifatorial, mas pode ser o gatilho para o aparecimento da enfermidade. Transtornos psicóticos são dependentes de uma associação entre genes e ambiente, e essa interação pode predispor o aparecimento dos sintomas relacionados à enfermidade. Estudos epidemiológicos mostram que o consumo de maconha e a sua potência vêm aumentando ao longo das últimas décadas, porém, a proporção de esquizofrênicos na população permanece inalterada. Caso essa relação fosse de causa e efeito, o número de esquizofrênicos deveria ter aumentado igualmente, fato que não ocorreu. Um grande estresse, o consumo de grandes quantidades de bebidas destiladas, psicoestimulantes, um trauma, um luto, dentre outros eventos, podem desencadear surtos psicóticos, bem como a maconha. Um importante estudo de Harvard mostrou que a presença de esquizofrênicos entre os familiares é um fator mais relevante para o desenvolvimento do transtorno do que o uso da maconha. É importante que indivíduos adolescentes e jovens adultos que tenham parentes próximos com transtornos psicóticos evitem fatores que predisponham um surto psicótico, como o consumo de maconha.

Em especial na adolescência, o consumo habitual de variedades enriquecidas de THC deve ser evitado e adiado. Há, no entanto, crianças e adolescentes que necessitam de variedades de maconha com teores adequados de canabinoides, em alguns casos com a presença do THC, para diminuir os sintomas decorrentes de doenças neuropsiquiátricas e, consequentemente, melhorar a qualidade de vida. Outros estudos apontam para o aumento de internação por surtos psicóticos em determinados territórios dos Estados Unidos que regularam o consumo da *Cannabis*. A associação entre maconha e psicose é antiga, descrita por J. J. Moreau de Tours ainda no século XIX; hoje requer atenção governamental para compreender essa relação e orientar uma boa política pública que minimize o impacto da *Cannabis* na saúde mental da população.

Neste breve panorama traçado, podemos observar que o uso da maconha como terapia é constituído de uma complexidade evidente. Alguns renomados pesquisadores acreditam que, ao manipular o sistema endocanabinoide, é possível interferir em quase todas as doenças que afetam os humanos. Esse grande sistema atua em nosso cérebro, coração, intestino, entre outros diversos órgãos e tecidos, influenciando o equilíbrio homeostático, o sistema imunológico, a produção de energia pelas células, entre muitas outras atividades fundamentais para o bom funcionamento do organismo. É um sistema capaz de interferir em processos importantes do nosso cotidiano e nos auxilia a relaxar, comer, dormir, esquecer, e ainda protege nosso organismo de adversidades.

No Brasil, até o início do século XX, diversos produtos compostos de canabinoides eram legalmente obtidos e consumidos. A maconha figurava entre as substâncias presentes na *Farmacopeia Brasileira*. Seu uso tradicional para fins terapêuticos, sociais, ritualísticos e sacramentais é herança dos povos negros. As políticas que buscaram proibir o consumo da planta foram impregnadas de preconceitos raciais, e interesses econômicos visavam aos mercados dominados pelos componentes da planta. Assim, o seu consumo foi proibido e criminalizado em todas as instâncias, sua potencialidade terapêutica foi negligenciada, as pesquisas científicas foram rejeitadas. Governos e aliados patrocinaram a desinformação e seguem até hoje encarcerando e eliminando sistematicamente meninos e meninas jovens, negros, de classes populares, fazendo da maconha e outras substâncias o bode expiatório dessa política.

A reforma na política de drogas se faz urgente também àqueles que precisam de acesso terapêutico aos componentes provenientes das plantas proscritas. Pessoas que sofrem de diversas enfermidades poderiam ter um tratamento mais digno e eficaz caso o acesso a essas substâncias não fosse dificultado. Pessoas que buscam utilizar canabinoides para fins terapêuticos são penalizadas pela proibição em diferentes níveis. Restringe-se o acesso ao tratamento apropriado legal e financeiramente, pois, além de burocrático, tal acesso é bastante custoso e por vezes incompleto. Com frequência, alguns pacientes recorrem a produtos de péssima qualidade, oriundos do mercado ilícito. Outros podem responder a processo por crime hediondo caso sejam pegos cultivando seu próprio lenitivo – isso se os operadores do sistema de Justiça compreenderem que aquela plantação se destinava para comércio. Essa política privilegia a desinformação, os sentimentos de insegurança, o encarceramento e o extermínio da população mais vulnerável em detrimento das políticas de atenção, cuidado, acesso ao tratamento, autonomia e respeito aos direitos humanos. A política proibitiva gera danos ao indivíduo e à sociedade em maior número que aqueles provocados diretamente pelo consumo das substâncias. Existem interesses econômicos e sociais em manter proibição dessas substâncias. A quebra desse paradigma ocorrerá quando houver a compreensão por parte da população dos reais motivos pelos quais o acesso a essas plantas e seus derivados é impedido. Este livro é uma das iniciativas que busca essa ruptura.

Referências

BRASIL. Ministério da Saúde. Agência Nacional de Vigilância Sanitária. *Resolução da Diretoria Colegiada – RDC n. 26*, de 13 de maio de 2014. Disponível em: https://bvsms.saude.gov.br/bvs/saudelegis/anvisa/2014/rdc0026_13_05_2014.pdf. Acesso em: 21 set. 2020.

ESCOHOTADO, A. *Historia general de las drogas*: incluyendo el apéndice "Fenomenología de las drogas". Madri: Espasa, 1998.

O'SHAUGHNESSY, W. B. Case of tetanus, cured by a preparation of hemp (the *Cannabis indica*). *Transactions of the Medical and Physical Society of Bengal*, v. 8, 1838-40, p. 462-469, 1839.

PACHER, P.; KUNOS, G. Modulating the endocannabinoid system in human health and disease-successes and failures. *FEBS Journal*, v. 280, n. 9, p. 1918-1943, 2013.

PROAL, A. C. et al. A controlled family study of cannabis users with and without psychosis. *Schizophrenia Research*, v. 152, n. 1, p. 283-288, 2014.

ROGEBERG, O. Correlations between cannabis use and IQ change in the Dunedin cohort are consistent with confounding from socioeconomic status. *Proceedings of the National Academy of Sciences of the United States of America*, v. 110, n. 11, p. 4251-4254, 2013.

RUSSO, E. B. History of cannabis and its preparations in saga, science, and sobriquet. *Chemistry & Biodiversity*, v. 4, n. 8, p. 1614-1648, 2007.

10. Os usos religiosos e espirituais da *Cannabis*

Edward MacRae[1]

Desde a pré-história, o ser humano vem utilizando certas plantas e algumas substâncias de origem animal para provocar alterações de consciência com finalidades espirituais, terapêuticas e lúdicas. Entre essas plantas, uma das mais importantes é a *Cannabis*. Historicamente, foi usada para uma diversidade de fins, desde via de acesso ao mundo espiritual até o uso profano, além de, em função da robustez de sua fibra, ser usada na fabricação de cordoaria e tecidos.

Um tratado médico chinês do século I, baseado em material de 3 mil anos antes, afirma que "o cânhamo tomado em excesso faz ver monstros, mas se utilizado por um longo tempo permite

---

1 Professor associado de Antropologia na Faculdade de Filosofia e Ciências Humanas da Universidade Federal da Bahia (UFBA), pesquisador associado do Centro de Estudos e Terapia da UFBA. Vem realizando pesquisas, publicando e militando na área da redução de danos e do antiproibicionismo desde 1987. Tem também se dedicado ao estudo de enteógenos, especialmente a ayahuasca. Junto com o antropólogo Wagner Coutinho Alves, publicou a coletânea *Fumo de Angola: canabis, racismo, resistência cultural e espiritualidade* (EDUFBA, 2016).

a comunicação com os espíritos e o alívio do corpo".[2] Também na Índia a tradição brâmane considerava que a *Cannabis* agilizava a mente, além de outorgar longa vida e potentes desejos sexuais. Os budistas a usavam como auxiliar nas meditações. Era também empregada como medicamento em tratamentos oftalmológicos, contra febre, insônia, tosse seca e disenteria. Na Assíria do século IX a.C. era usada como incenso, bem como entre os citas e os egípcios.

O uso espiritual de plantas com poder psicoativo demanda uma certa ritualização, implicando no estabelecimento de uma série de normas e regras de conduta que enquadrem a utilização das substâncias dentro de parâmetros que promovam os resultados desejados. Em relação a curas, o contexto social em que esse uso se dá, muitas vezes, tem um papel importante ao contribuir para a estruturação da vida dos pacientes e ao regular seu acesso ao psicoativo. Isso pode ser constatado entre membros das religiões ayahuasqueiras, como o Santo Daime e a União do Vegetal, que, ao ingressar nas hostes de seguidores, acabam por abandonar usos perniciosos de substâncias como a cocaína, por exemplo. A ritualização e a participação em grupos religiosos são consideradas boas maneiras de reduzir danos relacionados ao uso de substâncias psicoativas. Isso ajuda a entender o sucesso de igrejas e outros grupos religiosos em resolver casos de dependência de álcool e outras drogas.

No Brasil, até as primeiras décadas do século XX, o uso da maconha para uma série de finalidades fitoterápicas, lúdicas e espirituais era encontrado principalmente entre as populações negras e indígenas do Norte e do Nordeste. O estado do Maranhão, especialmente, ficou notabilizado pela difusão do chamado "diambismo" e pelos diferentes usos da planta encontrados aí. Em virtude dessa longa história, na região, muitos ainda consideram a diamba,

---

2 Escohotado (1994, p. 4).

ou maconha, como uma planta boa, com várias indicações medicinais. Seu uso continua a fazer parte dos hábitos cotidianos de diversas comunidades de pescadores ou de indígenas naquele estado. Porém, esses usos lúdicos, medicinais e espirituais da *Cannabis* não se restringiram ao Maranhão, sendo também muito difundidos em outras partes do Nordeste e do Rio de Janeiro. Há muito tempo a repressão contra a população negra no Brasil vem usando como uma de suas desculpas a suposta necessidade de combater o "vício da diamba", que seria arraigado nesse meio.

Mas, a partir do final da década de 1960, começando nos Estados Unidos e em alguns países europeus, o uso lúdico da *Cannabis* se disseminou pelo mundo, tornando-se símbolo da contracultura e dos anseios da juventude. Embora tenha continuado a ser combatido e estigmatizado, esse uso deixou de ser confinado aos setores mais pobres e discriminados da sociedade e se instalou entre a juventude de classe média, adquirindo uma nova aura, mais moderna e "descolada". Já os usos medicinais foram desqualificados e até pesquisas médicas sobre o tema foram cerceadas.

No Brasil, o modismo importado teve um grande impacto e, mesmo nas regiões onde já se haviam estabelecido formas tradicionais de uso da planta para finalidades terapêuticas ou espirituais, estas foram esquecidas. Fumar maconha passou a ser visto como uma prática de natureza estritamente lúdica, não mais necessariamente associada à população negra e indígena, mas ainda sujeita a uma série de preconceitos e reservas. Nesse sentido, as autoridades médicas consideraram que essa planta, apesar de seu conhecido uso milenar no tratamento de uma longa lista de problemas de saúde, não teria nenhuma utilidade para a medicina e até proibiram pesquisas a respeito. Ainda hoje, qualquer uso ou comércio envolvendo a *Cannabis* e seus derivados continua criminalizado e estigmatizado. Receitá-la para uso medicinal deixa os responsáveis

132 OS USOS RELIGIOSOS E ESPIRITUAIS DA *CANNABIS*

sujeitos a acusações de curandeirismo ou de transgressão da ética médica, embora em tempos mais recentes algumas autoridades de saúde tenham começado a liberar de forma restrita a importação de medicamentos feitos a partir de derivados dessa planta.

Entre os usos tradicionais da *Cannabis* que têm sido reprimidos estão aqueles relacionados à espiritualidade/religião. Embora o racionalismo e o consumismo, valores tornados centrais pelas sociedades contemporâneas, tenham enfraquecido as tradições espirituais, estas têm dinâmicas próprias e se mantêm, se metamorfoseiam ou reaparecem em diferentes partes do mundo. Assim, atualmente o uso cerimonial da *Cannabis* pode, por exemplo, ser encontrado em certas partes da Índia, onde é associada ao deus Xiva, em contextos xamânicos indígenas do México, onde a planta é ingerida oralmente e chamada de Santa Rosa, ou em cultos da religião rastafári na Jamaica, onde recebe o nome ganja. No Brasil, persiste uma memória de seu uso em certas religiões de matriz africana e indígena, mas, em virtude do ambiente proibicionista e dos preconceitos que essas manifestações culturais sofrem na nossa sociedade, os seus adeptos costumam negá-lo ou ocultá-lo. Muitas vezes, gerações mais novas simplesmente esqueceram ou desconhecem antigas práticas tradicionais de seus próprios grupos.

Além de sua associação com a população negra, que teria trazido da África suas práticas de uso lúdico, fitoterápico e espiritual da planta, sabe-se que ela também tem sido usada por certos povos indígenas que a utilizam para diferentes finalidades, inclusive xamânicas. Como outras das chamadas "plantas de poder", a *Cannabis* é considerada possuidora da propriedade de "instruir" e pode ser usada em qualquer circunstância em que se necessite uma compreensão maior da situação ou uma inspiração para resolver um problema.

Da mesma forma que acontece em relação às populações negras, o suposto combate à maconha tem sido usado como pretexto para controlar e reprimir povos indígenas e, primordialmente, para justificar a invasão de suas terras, como ocorreu com os Teneteharas, no Maranhão, e os Krahô-Mankraré, na região do Bico do Papagaio, no extremo norte do Tocantins, por exemplo. Nesse clima repressivo, é difícil obter informação em relação ao uso da planta e o que se ouve nem sempre é o que realmente acontece, o que torna difícil avaliar a real dimensão alcançada pela introdução da maconha em comunidades indígenas. Pesquisadores têm sugerido que a *Cannabis* se encontrava em processo de sistematização simbólica, de construção ritual dos usos possíveis, inclusive sagrados, quando a campanha pela proibição da maconha, do século XX, alcançou essas populações. Isso teria inviabilizado ou empurrado esses usos para o espaço unicamente profano e marginalizado. Essa análise valeria para outros grupos indígenas, comunidades afrodescendentes e populações caboclas das regiões Norte e Nordeste.

A atual ênfase no uso lúdico da *Cannabis* e o vazio deixado pela inibição do seu emprego espiritual entre os "maconhistas" ou "diambistas" brasileiros tradicionais dificultam ainda mais o reconhecimento da sua legitimidade cultural e a sua aceitação social. Hoje a reivindicação de que se possa fazer um uso religioso ou espiritual da planta tende a provocar deboche e dificilmente é levada a sério.

As referências a usos espirituais da *Cannabis*, geralmente, estão associadas às religiões de matriz africana, embora essas anotações datem principalmente das primeiras décadas do século XX e a partir de então tornam-se quase inexistentes. Para entender essa situação, devemos levar em conta que, historicamente, a perseguição às práticas religiosas das populações negras e a criminalização da maconha têm muito em comum e são quase inseparáveis. Quando reconhecido, o uso da *Cannabis* por seguidores dessas religiões é geralmente atribuído a deturpações da tradição. Mas, a marginalidade da maconha às tradições consideradas mais "puras" talvez tenha sido exagerada com a intenção de resguardar a legitimidade das religiões de matriz africana em um momento histórico quando enfrentavam severa repressão policial aos seus cultos. Nessa época, o governo começava a implementar políticas de combate ao consumo da maconha e difundia amplamente um discurso muito negativo sobre a planta, seus efeitos psíquicos e sociais e seus usuários. Esse discurso disseminou uma forte rejeição à maconha entre todos os setores da população, incluindo os próprios adeptos das religiões de matriz africana.

No final da década de 1960, uma importante onda cultural varreu o mundo propondo, especialmente aos jovens, formas de vida que seriam alternativas ao consumismo e ao capitalismo. Entre os novos costumes estava o uso de diversas substâncias psicoativas lícitas e ilícitas, com destaque para a maconha, seus derivados e o LSD. Alguns chamaram isso de "revolução *hippie*". Quando essa onda chegou ao Brasil, esse novo modelo de uso de drogas foi mais associado às camadas médias urbanas, e os antigos "diambistas" foram completamente esquecidos. Embora continuasse proibido e perseguido, o uso da maconha deixou de constituir razão para a marginalização social dos usuários, que se tornaram cada vez mais presentes entre prestigiados profissionais, artistas e estudantes. Alguns passaram a se interessar pelo tema da alteração da consciência em geral, com destaque para diversos tipos de transe religioso, como a possessão e o voo xamânico. O uso de diferentes substâncias psicoativas foi visto como um atalho para se atingir estados de transe. A maconha e o LSD, por exemplo, pareciam levar o usuário a um estado de consciência que técnicas como a meditação exigiriam anos. Era também importante a nova legitimidade que essas práticas emprestavam ao uso de substâncias psicoativas, respaldando a autoimagem positiva dos usuários, que agora podiam se conceber como desenvolvendo a sua espiritualidade, e não mais como entregues à perdição.

Assim, novos caminhos espirituais envolvendo o uso de psicoativos se apresentaram às pessoas com anseios místicos e religiosos. No Brasil urbano, o caso mais conhecido tem sido o do rastafarianismo. Este movimento religioso desenvolveu-se na Jamaica e, a partir da década de 1970, foi difundido mundo afora por músicos de *reggae*, destacando-se a figura do cantor Bob Marley. No complexo amálgama de crenças cristãs, africanas e indianas que forma o rastafarianismo, o uso sacramental da *Cannabis* tem para muitos um papel central. Embora os detalhes da religião rastafariana não tenham despertado o interesse ou a simpatia de muitos, o seu discurso pela paz e contra o racismo e a opressão, veiculado por um ritmo contagiante, transformaram os cantores de *reggae* em grandes ícones e seu uso espiritual da ganja capturou a imaginação de multidões. Mais do que uma religião, "rasta" passou a denominar um estilo de vida, relacionado à forma de usar os cabelos, se vestir, se alimentar, se posicionar politicamente e fumar ganja. Mesmo assim, alguns tentam reproduzir no Brasil as organizações religiosas rastafarianas da Jamaica. Seus sucessos têm sido limitados e seus adeptos podem ser sujeitos a pesadas penalidades, uma vez que promover rituais de uso da *Cannabis* é legalmente equiparável ao tráfico de drogas.

Como já se viu, desde os seus primórdios o ser humano tem encontrado na *Cannabis* uma importante ferramenta para a promoção de sua saúde e de sua vida psíquica. Porém, em nossa sociedade, seu uso não é levado a sério e inúmeros são os obstáculos que se colocam ao pleno emprego dessa planta, dificultando o funcionamento dos controles sociais formais e informais que o regeriam

136 OS USOS RELIGIOSOS E ESPIRITUAIS DA *CANNABIS*

e reduziriam os eventuais danos. O próprio estigma muitas vezes é o que pode empurrar o usuário para a marginalidade

De fato, a situação atual parece voltada para uma exacerbação dos danos. Veja-se o que aconteceu com o líder de um centro rastafári em 2012, em Americana (SP). Geraldo Antonio Baptista, de 53 anos, mais conhecido pelo seu nome cerimonial Ras Geraldinho, foi condenado a 14 anos, 2 meses e 20 dias de prisão, simplesmente por fazer uso religioso de maconha, utilizando-a como sacramento entre seguidores de sua igreja rastafári. Um pedido de *habeas corpus*, protocolado no STF em 2014 ainda aguardava julgamento em 2016. Nessa mesma época, ocorreram casos de policiais torturadores, assassinos e até traficantes com grandes quantidades de drogas que foram pegos, mas receberam penalidades bem menores.

Parece, portanto, importante que se resgate a longa herança de uso espiritual e terapêutico da *Cannabis*, tanto por sua relevância para o bem-estar físico e psíquico do ser humano, como por suas conotações sociais que se contrapõem aos preconceitos criados contra o uso lúdico da planta, atualmente o único lembrado.

Referências

ALVES, W. C. Rastas, ganja e resistência na Jamaica. In: MACRAE, E.; ALVES, W. C. (org.). *Fumo de Angola*: canabis, racismo, resistência cultural e espiritualidade. Salvador: EDUFBA, 2016. p. 519-556.

CAVALCANTI, B. C. A folha amarga do avô grande: fluxos e refluxos do sagrado no maconhismo popular brasileiro. In: MACRAE, E.; ALVES, W. C. (org.). *Fumo de Angola*: canabis, racismo, resistência cultural e espiritualidade. Salvador: EDUFBA, 2016. p. 417-444.

CUBERO, L. B. A "Santa Rosa" e o "dom de ver" entre os otomís orientais de Hidalgo. O caso de Santa Ana Hueytlalpan. In: MACRAE, E.; ALVES, W. C. (org.). *Fumo de Angola*: canabis, racismo, resistência cultural e espiritualidade. Salvador: EDUFBA, 2016. p. 491-508.

DOMINGUES, S. Maconha e xamanismo numa tribo Timbira. In: MACRAE, E.; ALVES, W. C. (org.). *Fumo de Angola*: canabis, racismo, resistência cultural e espiritualidade. Salvador: EDUFBA, 2016. p. 345-364.

ESCOHOTADO, A. *Las drogas*: de los orígenes a la prohibición, Madri: Alianza Editorial, 1994.

HENMAN, A. R. A guerra às drogas é uma guerra etnocida. In: MACRAE, E.; ALVES, W. C. (org.). *Fumo de Angola*: canabis, racismo, resistência cultural e espiritualidade. Salvador: EDUFBA, 2016. p. 319-344.

MACRAE, E. Canabis, racismo, resistência cultural e espiritualidade. In: MACRAE, E.; ALVES, W. C. (org.). *Fumo de Angola*: canabis, racismo, resistência cultural e espiritualidade. Salvador: EDUFBA, 2016. p. 23-58.

MACRAE, E.; ALVES, W. C. (org.). *Fumo de Angola*: canabis, racismo, resistência cultural e espiritualidade. Salvador: EDUFBA, 2016.

OLIVEIRA, E. G. Chai, Chillum & Chapati: a cultura do Charas nas cordilheiras do Himalaia. In: MACRAE, E.; ALVES, W. C. (org.). *Fumo de Angola*: canabis, racismo, resistência cultural e espiritualidade. Salvador: EDUFBA, 2016. p. 509-518.

OLIVEIRA, I. L. Diamba boa... Lembranças do uso da canabis no Maranhão. In: MACRAE, E.; ALVES, W. C. (org.). *Fumo de Angola*: canabis, racismo, resistência cultural e espiritualidade. Salvador: EDUFBA, 2016. p. 297-318.

SAAD, L. A maconha nos cultos afro-brasileiros. In: MACRAE, E.; ALVES, W. C. (org.). *Fumo de Angola*: canabis, racismo, resistência cultural e espiritualidade. Salvador: EDUFBA, 2016. p. 389-416.

11. A internação em caso de dependência de maconha

Valéria Lacks[1]

Purple haze, all in my brain
Lately things they don't seem the same
Actin' funny, but I don't know why
Excuse me while I kiss the sky

Jimi Hendrix

A internação de pacientes com diagnóstico de dependência de substâncias psicoativas constitui-se numa ferramenta de tratamento ao longo do percurso de um projeto terapêutico. Se bem indicada, pode representar uma alavanca no processo de tratamento.

Em nosso meio podemos discriminar alguns tipos diferentes de internação, a saber: em clínicas psiquiátricas, em comunidades terapêuticas e em enfermarias psiquiátricas em hospital geral. As

---

1 Médica psiquiatra, mestre em Medicina pela Escola Paulista de Medicina da Universidade Federal de São Paulo (EPM-Unifesp). Especialista em dependência química e coordenadora da Unidade de Psiquiatria do Hospital Estadual de Diadema, em São Paulo.

clínicas psiquiátricas em geral são privadas e oferecem tratamento de médio a longo prazo (mais que trinta dias), bem como as comunidades terapêuticas, que, além de oferecerem longos períodos para o que chamam de "recuperação" (entre três e doze meses de tratamento), associam o modelo moral e religioso para tratar os indivíduos internados.

As enfermarias em hospital geral tendem a garantir um acompanhamento menos excludente desses pacientes. A proposta é de uma curta internação (de quinze a trinta dias, em média), suficiente para tirar o paciente da crise e redefinir a continuidade do tratamento, que deve se dar prioritariamente em seu próprio meio para que possa assumir o protagonismo de suas escolhas.

Os principais objetivos da internação para dependências não se referem ao uso de uma droga específica, mas estão associados à necessidade de uma desintoxicação para fins diagnósticos e/ou terapêuticos; à reorientação do projeto terapêutico quando este se perde em função da dificuldade de aderência ou de crises que se interpõem na vigência de um tratamento; ao afastamento do meio quando os riscos de vida, de aumento da violência ou da criminalidade deixam de ser administráveis no tratamento ambulatorial; ou ao tratamento de patologias que acompanham o quadro de dependência, já que a presença de outro quadro psiquiátrico e/ou clínico dificulta a aderência ao tratamento ambulatorial, além de refletir em piora do prognóstico.

A maconha tem sido usada de forma disseminada por todo o mundo. Seu uso está associado à experimentação da adolescência e tende a ser autolimitado, isto é, na maioria dos casos podemos observar que existe uma interrupção ou grande diminuição do uso no início da fase adulta. Nesse sentido, nenhuma intervenção é necessária *a priori*, e a internação propriamente dita seria absolutamente contraindicada, já que a própria internação em si pode trazer prejuízos como a exclusão e a perda da autonomia.

Diferentemente de drogas como o crack, a dependência da maconha não evolui rapidamente, e os problemas ligados estritamente ao consumo costumam levar muitos anos para aparecer. Contudo, o uso dessa substância é bastante frequente entre pacientes com diversas patologias psiquiátricas, muitas vezes usada como automedicação para o sofrimento causado por elas. Nesse sentido, poderá haver a eclosão de uma crise psicótica desencadeada ou piorada pelo uso da maconha, mesmo que o uso seja recente. Os quadros de psicose induzida pelo consumo de maconha são infrequentes, mas também representam uma possibilidade em que o manejo terapêutico pode lançar mão de uma internação.

De fato, são essas patologias associadas que habitualmente levam à indicação de uma internação para usuários de maconha, como no caso apresentado a seguir.

CH, 17 anos

Iniciou uso de maconha meses antes da internação. Estava sendo acompanhado por uma psicoterapeuta e por mim, psiquiatra, por uma indicação da escola onde cursava o 2º ano do Ensino Médio.

CH referia grandes descobertas com o uso de maconha, e sua descrição dos pensamentos e sensações nem sempre eram de fácil entendimento. Parecia que ainda estava sob o efeito da droga enquanto tentava expressar as descobertas sobre si que estavam ocorrendo. Seu uso não era diário e coincidia com as festas noturnas dos finais de semana. Estava ansioso e algo deprimido, sentindo-se muitas vezes deslocado nessas situações sociais. Achava-se tímido demais e recriminava-se por não conseguir dizer o que gostaria.

Chegou a ser medicado com antidepressivo pelo quadro ansioso em que se encontrava. Teve melhora do quadro e parecia bastante vinculado ao tratamento.

Após três meses de acompanhamento, iniciou um quadro de exaltação do humor. Ficou extremamente agitado, insone, grandiloquente e aumentou o consumo de maconha. Não houve melhora após alguns dias de medicação em casa, e o convívio familiar tornou-se insustentável. Encontrava-se num episódio agudo de mania psicótica.

Após quinze dias de início do quadro, depois de algumas tentativas de intensificação do tratamento, optou-se pela internação hospitalar com a anuência de CH. Após 15 dias, com melhora do quadro inicial, CH obteve a alta, ainda que não totalmente recuperado da crise, mas já em condições de retorno ao tratamento anterior.

É importante salientar que, para pacientes adolescentes, a internação prolongada em local fechado pode ser bastante angustiante, e o tempo de internação deve ser o mais curto possível.

No caso de CH, o uso de maconha coincide com o diagnóstico de transtorno bipolar. Não é possível estabelecer um padrão de causa-efeito. As duas condições são comuns nessa faixa etária, isto é, a experimentação de drogas e o aparecimento de patologias como o transtorno bipolar. Todavia, os riscos de novos episódios como o apresentado e o descontrole do uso de drogas nessas ocasiões delineiam uma trajetória de tratamento bastante específica, que requer cuidados psiquiátricos por longo prazo além da psicoterapia.

Referências

DA SILVEIRA, D. A.; MOREIRA, F. G. *Panorama atual de drogas e dependências*. São Paulo: Atheneu, 2006.

VERDOUX, H.; TOURNIER, M. Cannabis use and risk of psychosis: an etiological link? *Epidemiology and Psychiatric Sciences*, v. 13, n. 2, p. 113-119, jun. 2004.

12. A polêmica psicose canábica

Marta Ana Jezierski[1]

O conceito de que a *Cannabis* induz psicoses é antigo, tanto que a primeira citação de sintomas psicóticos após o uso da erva data de 1235, mas apenas seis séculos depois houve outra publicação relacionando o uso abusivo de *Cannabis* a um surto psicótico de curta duração.

No final da década de 1960, houve um grande interesse em estudar as características de uma suposta psicose canábica, o que se deu por meio de publicações de relatos de casos. Esse interesse

---

1 Médica psiquiatra pela Faculdade de Medicina de Ribeirão Preto da Universidade de São Paulo (FMRP-USP), pós-graduada em Psicologia Social pela USP, mestra pelo Departamento de Psicobiologia da Universidade Federal de São Paulo (Unifesp), doutora pelo Departamento de Medicina Preventiva da Unifesp. Coordenadora de Saúde Mental na Secretaria de Estado da Saúde de São Paulo de 1999 a 2004, diretora do Ambulatório de Saúde Mental do Jaçanã, em São Paulo, entre 1987 e 1995 – o primeiro ambulatório a ter programa específico destinado a dependentes de substâncias psicoativas – e diretora em outro centro de referência nesse tema entre 2004 e 2013. Membro da Associação Brasileira Multidisciplinar de Estudos sobre Drogas (ABRAMD), clínica de São Paulo.

146 A POLÊMICA PSICOSE CANÁBICA

diminuiu nas duas décadas seguintes, porque estudos subsequentes não conseguiram isolar sintomas característicos de uma nova patologia diretamente desencadeada pelo uso da *Cannabis*.

As psicoses que puderam ser relacionadas ao uso de *Cannabis* se caracterizam pelo aparecimento de sintomas psicóticos durante ou imediatamente após seu consumo, sem configurar uma intoxicação aguda. Esses sintomas são alucinações, ideias delirantes persecutórias, com agitação ou letargia e instabilidade emocional. Mais controversa é a psicose residual ou tardia, quando esses sintomas persistem além do período em que podem ser considerados um efeito direto da substância. As psicoses que permanecem no tempo e prejudicam a vida futura do usuário de *Cannabis* gravemente são mais bem explicadas pelo desenvolvimento da esquizofrenia.

A confusão de conceitos a respeito da psicose canábica se justifica porque os efeitos agudos da *Cannabis* podem causar sensações muito semelhantes aos sintomas psicóticos, como as dificuldades cognitivas, as alucinações e os delírios.

Antes de discorrer sobre esses sintomas, vale lembrar que as doenças são diagnosticadas a partir de um conjunto de sintomas que estão proeminentes em determinadas pessoas, que, ao olhar clínico, configuram uma patologia instalada. Um sintoma sozinho não é garantia de doença, nem a prática de ler listas de sintomas na internet autoriza um curioso a estabelecer diagnósticos. Ainda mais no caso da esquizofrenia, que é uma doença crônica, grave, incapacitante e estigmatizada.

As alterações cognitivas que o uso da *Cannabis* pode causar afetam a memória e o raciocínio e, em caso de transtorno psicótico, causam confusão. Em comparação, na esquizofrenia o prejuízo cognitivo se caracteriza mais por desorganização mental.

MACONHA: OS DIVERSOS ASPECTOS, DA HISTÓRIA AO USO   147

As alucinações são uma alteração das percepções dos sentidos, portanto, podem ser auditivas, visuais, táteis e olfativas. Essas percepções equivocadas podem ocorrer em qualquer tempo da vida das pessoas e isoladamente não têm grande significado, pois qualquer pessoa já teve a impressão de ter ouvido alguém chamar, ou passou pela experiência de uma palavra surgir com tanta força em sua mente que parecia estar sendo ouvida. São sintomas muito comumente relatados por portadores de esquizofrenia, que também podem ocorrer com certa frequência durante e após o uso de *Cannabis*.

Os delírios são perturbações do pensamento e também estão presentes nas duas situações, na esquizofrenia e no uso de qualquer substância psicoativa, incluindo o álcool. O pensamento pode se apresentar perturbado pela aceleração do curso, pelas relações caóticas entre ideias e pelos delírios propriamente ditos. Nos portadores de esquizofrenia, é comum aparecerem ideias de autorreferência, como achar que estão sendo observados, que estão sendo criticados ou caluniados e até que estão sendo ameaçados de morte. No uso de drogas, inclusive a *Cannabis*, é comum ouvir relatos de ideias persecutórias ou paranoia.

Para que qualquer substância tenha ação sobre o cérebro (substância psicoativa), é necessário que suas moléculas sejam semelhantes aos neurotransmissores naturais. Isto é, o tabaco, o ópio, a cocaína, as anfetaminas, a *Cannabis* e outros só agem no cérebro porque nele há receptores celulares correlatos.

No final do século XX, ocorreu a descoberta de moléculas que atuam na comunicação entre as células cerebrais, uma das quais é a anandamida, que é estruturalmente semelhante aos canabinoides vegetais. Isso quer dizer que as capacidades de aumentar o prazer e a criatividade, de sonhar acordado, de relaxamento ou de aceleração já existem previamente no cérebro humano. O desafio é a pessoa acessar as próprias potencialidades, ou deliberadamente conseguir acionar esses mecanismos bioquímicos naturais.

Estudos avançados em neurobiologia encontraram vias e mecanismos comuns entre as alterações causadas pelo uso de *Cannabis* e os sintomas que incomodam os portadores de esquizofrenia. A ciência auxiliada pela tecnologia confirmou que as manifestações de ambas as condições têm correlação biológica.

Ao longo do tempo, os pesquisadores aprenderam que é preciso haver uma complexa interação de fatores para desencadear uma doença do tipo da esquizofrenia, e que os fatores isolados não são capazes de causá-la. Então, fatores como a genética, a forma como o indivíduo foi criado, as circunstâncias mais ou menos traumáticas de sua vida, ou ainda a quantidade e a frequência do uso da *Cannabis*, separadamente, não definem o aparecimento de uma doença dessa natureza.

Os fatores psicossociais são muito importantes para moldar a manifestação das doenças mentais, de modo que um delírio persecutório associa a modificação do funcionamento cerebral com elementos socioculturais, como a ilicitude da *Cannabis* (e outras drogas) e seus desdobramentos, os quais envolvem preconceito, medo, culpa e punição.

Outra discussão importante foi que a quantidade de *Cannabis* usada pelas pessoas pode contribuir para desencadear a esquizofrenia. Em outras palavras, a frequência do uso e a quantidade usada têm seu peso no resultado. Considerando-se que se trata de um produto sem controle de qualidade, não é possível estabelecer as quantidades proporcionais dos mais de 60 canabinoides contidos em dada amostra da substância. Ademais, o consenso atual é de que o uso da *Cannabis* pela população é mais frequentemente recreativo e ocasional, e de que o uso pesado por longos períodos é mais raro.

MACONHA: OS DIVERSOS ASPECTOS, DA HISTÓRIA AO USO 149

Um argumento muito frequente nas discussões científicas traz informações epidemiológicas e demonstra que, embora o consumo de *Cannabis* venha crescendo muito nos últimos cinquenta anos, a proporção de indivíduos com esquizofrenia na população continua inalterada. Em outras palavras, apesar do aumento do uso de *Cannabis* pelos jovens, a prevalência da esquizofrenia permanece menor que 1% em toda a população mundial.

A cultura de uma sociedade inclui um sistema de crenças, conceitos e preconceitos. Todos os tipos de pessoas fazem parte dela, o que inclui os pesquisadores. A produção de conhecimento exige neutralidade do observador, para que este possa extrair resultados sem tendências e desejos pessoais. Para isso, os estudiosos devem procurar obter os resultados com isenção de expectativas pessoais, apesar de fazerem parte da cultura e estarem sujeitos às influências das ideologias vigentes em sua época. A pesquisa com substâncias psicoativas é prejudicada por questões culturais e legais, que dificultam sua aquisição.

Nas últimas décadas, cientistas de diversas áreas do conhecimento vêm elaborando estudos que acompanham um grupo grande de pessoas durante um período de suas vidas, medindo e registrando vários parâmetros biológicos e comportamentais. Conforme essas pessoas evoluem, os dados observados permitem inferir causas e efeitos no longo prazo das características estudadas. Quando esse tipo de pesquisa, chamado estudo de coorte, inclui o comportamento do uso de qualquer droga, nesse caso, a *Cannabis* (em todas as suas apresentações no mercado), os resultados autorizam definir o que é mito e o que é verdade.

Então, a partir dos estudos de coorte, que seguiram determinada amostra da população por muitos anos de suas vidas, concluiu-se que o uso intenso, diário e abusivo de *Cannabis* na adolescência, ou entre 12 e 18 anos, principalmente antes dos 15 anos, aumenta o risco de desenvolvimento da esquizofrenia em até três vezes – com a ressalva de que houve a coexistência de outras condições de vulnerabilidade.

Já está estabelecido que o cérebro humano passa por transformações significativas em sua estrutura e em seu funcionamento durante a infância e a adolescência. Essa evolução natural do cérebro até atingir a vida adulta pode sofrer alterações duradouras por ação de agentes externos, como infecções, traumatismos, violência e abuso em todas as suas formas, bem como pelas drogas.

O uso de drogas comumente se inicia na adolescência, e a esquizofrenia tem início insidioso antes ou no começo da idade adulta. Porque é na transição entre a adolescência e a vida adulta que se processa a complexa interação entre vulnerabilidades genéticas, eventos traumáticos e fatores de risco ambientais. Considerando que o corpo humano se transforma durante toda a vida, especial atenção deve ser dada a essa delicada fase.

Os estudos em genética apresentaram um avanço muito grande nos últimos anos, desde que o genoma humano foi decodificado. Mas genética não é destino, é vulnerabilidade. Aquela ideia de que, ao nascer, o indivíduo já tem mapeadas todas as patologias continua sendo ficção. Como se fosse uma conspiração, o aparecimento de uma doença resulta da influência de vários genes sempre em interação com fatores ambientais. Portanto, exames genéticos não apresentam evidências definidas de causalidade, raramente são disponibilizados nos laboratórios de análises clínicas, e permanecem restritos a centros especializados de estudo.

Alguns autores sugerem que haja uma base genética comum para o uso abusivo de substâncias psicoativas e para o surgimento de uma patologia psicótica, o que implica mais risco para ambas as situações. Assim, aquelas pessoas que usam *Cannabis* mais abusivamente demonstram menos recursos para lidar com eventos da vida diária e estão mais vulneráveis ao desenvolvimento de uma patologia mental.

A observada concomitância entre o uso abusivo e frequente de *Cannabis* e a esquizofrenia deve considerar outros fatores causais além de uma base genética comum para o abuso de *Cannabis* e para a esquizofrenia. Dito de outra forma: a partir de revisão que reúne resultados de pesquisas científicas recentes sobre a relação entre *Cannabis* e psicose, foi possível conceber a hipótese de que a vulnerabilidade para a *Cannabis* e para a psicose seja compartilhada. Assim, tanto o uso precoce quanto o uso pesado de *Cannabis* são mais prováveis de ocorrer em indivíduos com vulnerabilidade à psicose.

O período da adolescência, considerado como um preparo para a vida adulta, envolve experimentar diferentes formas de lidar com as surpresas estressantes da vida diária. Esse exercício de modos de reagir tem papel importante na configuração dos recursos pessoais do futuro adulto. A experimentação ocorre em todos os setores da vida do adolescente, desde sua vida afetiva e sexual, sua inserção no grupo social, nas relações com seus pais ou suas origens, até o uso de álcool, tabaco, *Cannabis* e outras drogas.

Adolescentes que têm história de doença mental na família devem receber instruções preventivas sobre o risco aumentado de virem a ter prejuízos futuros se expuserem seu cérebro, ainda em desenvolvimento, a substâncias que alteram o estado de consciência. Essa preservação é muito mais que apenas aconselhamento médico, pedagógico ou psicológico, pois deve incluir ações concentradas de toda a comunidade em torno do adolescente, com orientação e suporte à família, à escola e à equipe de saúde local, subsidiada no que existe de certeza em promoção da saúde e da qualidade de vida.

152   A POLÊMICA PSICOSE CANÁBICA

Se o raciocínio "causa e consequência" é insatisfatório, outra hipótese para o uso de *Cannabis* em portadores de esquizofrenia é a automedicação: o indivíduo usa a *Cannabis* na tentativa de aliviar seus sintomas desagradáveis. Os chamados sintomas negativos da esquizofrenia, como isolamento social, embotamento afetivo, fadiga, falta de energia e de motivação, podem ser aliviados pelo uso de drogas.

Pacientes portadores de esquizofrenia relataram que fazem uso de *Cannabis* com a função de relaxar e diminuir a tensão. Também é interessante notar que a *Cannabis* e o tabaco aliviam os sintomas adversos de certos medicamentos antipsicóticos.

Por outro lado, os mesmos pacientes referiram prejuízo da memória de curto prazo, da atenção e da capacidade de executar tarefas rotineiras, assim como mencionaram aumento dos delírios persecutórios. Então, os pacientes portadores de esquizofrenia são traídos, na tentativa de automedicação, sofrendo agravamento de seus sintomas psicóticos e piora de seu prognóstico.

O curso da doença e o tratamento desses pacientes são complicados por um maior número de hospitalizações, episódios de agressividade, ideação suicida, maior dificuldade de adesão terapêutica e elevado risco de adquirir outras patologias, como o HIV e a hepatite.

Segundo os estudos de neuroimagem, os quais comprovaram o que as teorias psicológicas já haviam observado, a adolescência é uma fase em que o sujeito dispõe de múltiplas potencialidades, com uma capacidade imensa de desenvolver habilidades em vários campos.

Na verdade, os adolescentes são tão maleáveis que são capazes de repentinamente mudar sua forma de reagir às diferentes situações da vida. Às vezes mais dramaticamente, noutras com mais frieza. Essas mudanças são como ensaios e permitem que gradualmente o futuro adulto escolha e defina sua maneira de ser.

O uso de drogas nessa fase pode treinar o cérebro adolescente a encurtar o processo de elaboração e, frente a qualquer circunstância, contornar o desconforto do sentimento intenso, procurando a via do prazer imediato que as drogas oferecem. Mais ou menos o que a sabedoria popular trata como "beber para esquecer". Nesse caso, não é para esquecer um fato, mas afastar um sentimento e se retirar da situação estressante. A repetição dessa forma de reagir se consolida nas vias cerebrais e permanece como um comportamento reflexo na vida adulta. O repertório de respostas da pessoa fica restrito, tornando-a menos capaz de reagir de forma consciente e elaborada às alegrias e vicissitudes que certamente aparecem na vida.

Para interpretar um estímulo qualquer, há um correlato biológico em que as vias de comunicação entre os neurônios no cérebro envolvem várias áreas para elaborar e decidir como reagir. No caso dos dependentes de substâncias psicoativas, estabelece-se um curto-circuito, e a resposta automática é a busca pela droga para ter prazer imediato, a fim de evitar qualquer desconforto. Seguindo o mesmo raciocínio, no caso da esquizofrenia, estabelece-se uma comunicação diferente nas vias cerebrais, que levam o portador a interpretar um fato de forma alterada, resultando em uma reação inadequada.

Quando há concomitância da esquizofrenia com o uso de *Cannabis*, estão associadas as vias diferentes para receber e reagir e as vias do curto-circuito do prazer. Dessa forma, o quadro clínico do portador de esquizofrenia que faz uso indevido de *Cannabis* é ainda mais complexo e exige manejo terapêutico diferenciado.

No passado, quando a cultura vigente considerava comportamentos incomuns como transtornos de ordem moral, um caso complicado pela associação dessas duas alterações do funcionamento cerebral seria relegado ao confinamento e ao esquecimento em alguma colônia bem distante para doentes mentais.

Atualmente, os avanços que a humanidade obteve na compreensão do próprio cérebro têm proporcionado novas técnicas terapêuticas, sob o nome comum de abordagem psicossocial. Auxiliada pela psicofarmacologia atual, essa abordagem permite ao paciente o resgate, ou o desenvolvimento, de habilidades mais adaptadas para lidar com seu cotidiano de maneira mais proveitosa e benéfica para si mesmo.

À semelhança das muitas potencialidades que o cérebro adolescente é capaz de realizar, os recursos terapêuticos atuais promovem o desenvolvimento de habilidades sociais, artísticas, esportivas, emocionais e cognitivas. As técnicas psicoterapêuticas empregadas são diversas e ocorrem por meio de atividades, com o objetivo de estimular o indivíduo e seu cérebro a explorar novas maneiras de lidar com seus problemas e aspirações, traçando estratégias efetivas de resolução e harmonização de seus conteúdos.

Apesar de parecer desanimador um tratamento durar alguns anos, este sempre é preferível à condenação à morte por suicídio, ou outro meio violento, ou à prisão perpétua das internações a que eram submetidos os pacientes em tempos de menos conhecimento.

Enfim, as pesquisas científicas que procuram confirmar a causalidade do uso de *Cannabis* no aparecimento de psicose foram contraditórias e inconclusivas e, portanto, de pouco valor. Essa perspectiva mantém a discussão ideológica entre os que, de um lado, garantem o fatal prejuízo para o cérebro e aqueles que, de outro, defendem a benignidade do uso da *Cannabis*.

O uso precoce e pesado de *Cannabis* como um sinal precursor de um possível quadro de psicose deve ser abordado em associação

MACONHA: OS DIVERSOS ASPECTOS, DA HISTÓRIA AO USO   155

a vários outros comportamentos problemáticos, como isolamento, atitude desafiadora, agressividade, baixo rendimento escolar e empobrecimento de interesses.

Enfim, a psicose canábica é um quadro passageiro, relacionado ao uso recente de *Cannabis*. A esquizofrenia, em contrapartida, é uma doença crônica, com risco três vezes maior de se instalar quando o uso da *Cannabis* ocorre em idades abaixo de 15 anos, com destaque para a associação de vários outros fatores de risco.

Sugestão de filme

Reefer Madness[2] (em tradução livre, "A loucura do baseado"), também conhecido como *Tell Your Children* ("Diga aos seus filhos"), é um filme de propaganda estadunidense, de 1936, montado para exibição nas escolas, contra o uso da marijuana, relacionando a droga com a loucura e a violência. Foi dirigido por Louis J. Gasnier.

É interessante notar que a ideia de fazer filmes de prevenção vem dessa época. Esse filme é contemporâneo das publicações científicas que descreviam casos considerados de psicose canábica.

Em 2005, sua refilmagem, dirigida por Andy Fickman, estreou no Sundance Festival. Dessa vez como comédia musical, *A loucura de Marijuana*[3] brinca com os conceitos obsoletos do anterior.

---

2 Disponível em: https://archive.org/details/reefer_madness1938.
3 Disponível em: https://www.allmovie.com/movie/v318194.

Referências

ANDRÉASSON, S. et al. Canabis and schizophrenia: a longitudinal study of Swedish conscripts. *The Lancet*, v. 330, n. 8574, p. 1483-1486, 1987.

ARENDT, M. et al. Cannabis-induced psychosis and subsequent schizophrenia-spectrum disorders: follow-up study of 535 incident cases. *The British Journal of Psychiatry*, v. 187, n. 6, pp. 510-515, 2005.

BOYDELL, J. et al. A comparison of symptoms and family history in schizophrenia with and without prior cannabis use: implications for the concept of cannabis psychosis. *Schizophrenia Research*, v. 93, n. 1-3, p. 203-210, 2007.

CASTLE, D.; MURRAY, R. M.; D'SOUZA, D. C. (org.). *Marijuana and madness*. Cambridge: Cambridge University Press, 2011. Disponível em: https://www.ncbi.nlm.nih.gov/pmc/articles/PMC2277294/. Acesso em 15 set. 2020.

DEGENHARDT, L.; HALL, W.; LYNSKEY, M. Testing hypotheses about the relationship between cannabis use and psychosis. *Drug and Alcohol Dependence*, v. 71, n. 1, pp. 37-48. Disponível em: http://www.sciencedirect.com/science/article/pii/S0376871603000644. Acesso em: 15 set. 2020.

GALDURÓZ, J. C. F.; FERRI, C. P. CID-10 e DSM. In: *Detecção do uso e diagnóstico da dependência de substâncias psicoativas*. 9. ed. Brasília: Ministério da Justiça, Secretaria Nacional de Políticas sobre Drogas, 2016. cap. 1. (Série Supera, módulo 3).

HALL, W.; DEGENHARDT, L. Adverse health effects of non-medical cannabis use. *The Lancet*, v. 374, n. 9698, p. 1383-1391, 2009.

KSIR, C.; HART, C. L. Cannabis and psychosis: a critical overview of the relationship. *Current Psychiatry Reports*, v. 18, n. 12, 2016.

ORGANIZAÇÃO MUNDIAL DA SAÚDE (OMS). CID-10: Classificação Estatística Internacional de Doenças e Problemas Relacionados à Saúde. São Paulo: Edusp, 1994. v. 1.

13. Maconha: origem e trajetória

Lilian da Rosa[1]

A *Cannabis*, mais conhecida como maconha, é uma planta que cresce facilmente em diferentes lugares do mundo e possui muitos nomes. Só no Brasil ela também é conhecida como birra, liamba, diamba, riamba, marica, meconha, moconha, cânhamo, congonha, pito de pango, fumo de angola, dirijo e erva-do-diabo.

Ao longo da história, essa planta já foi utilizada para fazer tecido, comida, combustível e remédio, tudo isso há milhares de anos, antes de se tornar uma das drogas mais conhecidas e utilizadas pelos homens. De certo modo, esses diversos usos foram possíveis porque, na prática, existem diferentes variedades de *Cannabis*:

- *Cannabis sativa*: é a mais difundida, possui caule pouco ramificado, folhas finas e pode chegar a 6 metros de altura.

---

1 Historiadora, mestre e doutora em História Econômica pelo Instituto de Economia da Universidade Estadual de Campinas (Unicamp). Atualmente é pós-doutoranda na Faculdade de Filosofia Letras e Ciências Humanas da Universidade de São Paulo (FFLCH-USP). Desenvolve pesquisas em história agrária, economia e sociedade da erva-mate e história das drogas, com ênfase na história do cânhamo e da maconha.

- *Cannabis indica*: cresce cerca de 1 metro, possui folhas mais largas que a *C. sativa* e foi bastante utilizada como remédio na medicina antiga.

- Cânhamo: possui folhas e caules mais fibrosos e, por isso, é usada para produzir tecidos, cordas, redes de pesca, entre outros.

A maconha é uma planta originária da Ásia Central. O mapa a seguir mostra o local provável de sua origem e aponta algumas rotas que contribuíram para a sua dispersão pelo mundo.

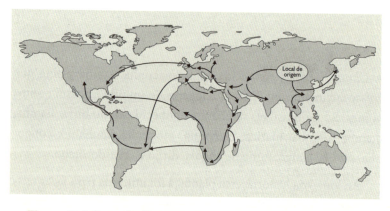

Figura 13.1 Rotas de dispersão da maconha pelo mundo. Fonte: adaptada de Barney Warf, *High points: an historical geography of Cannabis*, 2014.

Vestígios encontrados em túmulos muito antigos apontam a China como um dos primeiros lugares do mundo a usar essa planta. Os chineses manipulavam o cânhamo para fabricar tecidos, redes de pescas e cordas 6 mil anos atrás. Suas sementes também eram um dos principais grãos utilizados na alimentação da China antiga.

Aos poucos, a planta da maconha se espalhou por toda a Ásia e foi integrada a práticas religiosas, pois, para algumas religiões, ela facilitava a concentração e a conexão com o sagrado. Outras religiões, como o hinduísmo, acreditavam que existia um guardião vivendo dentro das folhas.

Além do uso religioso, os homens antigos também descobriram os benefícios medicinais da *Cannabis* e a utilizavam para tratar muitas doenças: os frutos, a raiz e as folhas eram frequentemente utilizados na medicina antiga para tratar reumatismos, ansiedade, bronquite e asma. Ainda na Ásia, alguns grupos também a usavam como dopante.

Indícios históricos apontam que a maconha foi levada para a África por comerciantes árabes que tinham o costume de fumá-la. Uma vez na África, também foi bastante utilizada como dopante, remédio e em rituais religiosos.

A *Cannabis* chegou à Europa por volta dos séculos XVI-XVII. Ali, o cânhamo ganhou uma importância significativa na produção de cordas, redes, tecidos e papel. Essa produção foi importante, pois grande parte das velas das caravelas utilizadas nas grandes navegações e "descobrimentos" foi produzida com as fibras do cânhamo. Além disso, os europeus também utilizavam a maconha como remédio para tratar dores nas juntas, hemorragias, cólicas, diarreias, queimaduras e até mesmo alguns tumores. Já as sementes da maconha eram trituradas a fim de produzir um tipo de óleo para acender lamparinas, as quais, por sua vez, ao iluminar a escuridão da noite, facilitavam a vida dos homens e mulheres da época.

A maconha, possivelmente, foi trazida para o continente americano a partir de 1500, no processo das grandes navegações e "descobrimentos". Uma vez na América, ela foi levada para lugares que hoje são conhecidos como Uruguai, Canadá, Chile, México e Brasil.

162   MACONHA: ORIGEM E TRAJETÓRIA

Até o momento, não se sabe de que modo essa planta chegou ao Brasil, mas é possível que isso tenha se dado por diferentes meios. A seguir, citamos alguns deles:

- Trazida por comerciantes que vendiam pessoas escravizadas e outras mercadorias.

- Trazida por marinheiros que a usavam como dopante ou medicamento.

- Trazida como empreendimento comercial da Coroa portuguesa com o objetivo de produzir matéria-prima para fabricar tecidos e cordas.

Uma vez no Brasil, a planta da maconha também foi utilizada para diferentes finalidades, como em outros lugares do mundo.

No final do período conhecido como Brasil Colônia, a Coroa portuguesa incentivou o plantio do cânhamo a fim de investir na fabricação de tecidos, cordas e barbantes em geral. Uma das primeiras lavouras foi estabelecida em 1780 em Santa Catarina, quando imigrantes europeus receberam sementes dessa planta. No entanto, essa primeira tentativa não deu certo. Ainda assim, a Coroa não desistiu da ideia, e, pouco tempo depois, transferiu o projeto da produção de cânhamo para o Rio Grande do Sul. Lá foi criada uma fazenda de nome Real Feitoria do Linho Cânhamo. Nesse lugar, o cânhamo foi produzido por cerca de quarenta anos (de 1783 a 1820).

Tempos mais tarde, na primeira metade do século XX, empresários brasileiros também investiram em fábricas para produzir tecidos a partir da fibra do cânhamo. O objetivo dessas fábricas era produzir sacarias para embalar produtos alimentícios, como farinha e café. Tais fábricas existiram nos estados de Pernambuco, São Paulo, Rio de Janeiro e Maranhão. O próprio estado de São Paulo, por meio do Instituto Agronômico de Campinas, plantava lavouras de cânhamo para fazer experiências com essa cultura agrícola. A foto a seguir mostra uma lavoura de cânhamo em Nova Odessa, cultivada pelo Instituto Agronômico de Campinas, em 1886.

Figura 13.2 Lavoura de cânhamo em Nova Odessa (SP), 1886.
Fonte: Arquivo CMU. Fundo/Coleção: Secretaria da Agricultura, Comércio e Obras Públicas do Estado de São Paulo.

Não existem muitos registros do uso da maconha como medicamento durante o período do Brasil Colônia, mas registros históricos indicam que o uso medicinal da *Cannabis* esteve bastante presente no Brasil Império (1822-1889). De acordo com o conhecimento popular, ela abria o apetite e combatia dores em geral. Além disso, no período entre 1860 a 1920, os cigarros Grimault, feitos com *Cannabis indica*, eram empregados para tratar problemas respiratórios, insônia, asma, bronquite, tuberculose, tosse nervosa e catarro. Na prática, os "cigarros índios" nada mais eram do que cigarros de maconha importados da França e depois revendidos nas farmácias e comércios de todo o Brasil. Os jornais da época faziam propaganda desse remédio. A figura a seguir mostra uma delas, publicada no jornal *Diário de Pernambuco* em 1869.

A maconha também esteve presente em algumas religiões praticadas no Brasil. No início do século XX, por exemplo, era utilizada no candomblé (uma religião de matriz africana). Já a partir de 1970, foi utilizada por alguns grupos do Santo Daime (uma religião brasileira que usa plantas como forma de se conectar com o sagrado). Nesse contexto, ela era conhecida como Santa Maria.

Figura 13.3 Anúncio de produto feito com maconha.
Fonte: Brasil (1869).

Já o hábito de fumar a maconha pode ter sido introduzido no Brasil por africanos escravizados, já que esse era um costume bem comum em alguns lugares da Ásia e da África. Com o passar do tempo, esse costume se espalhou entre as camadas mais pobres da sociedade. O documentário *Dirijo* (2008), disponível gratuitamente na internet, conta um pouco sobre a tradição de fumar maconha entre os povos indígenas e caboclos da Amazônia antes de ser proibida.

O Brasil foi um dos primeiros lugares do mundo a proibir o uso da maconha como dopante. A primeira lei, feita pela Câmara Municipal do Rio de Janeiro em 1930, proibia o uso do "pito de pango", um dos nomes maconha. Comerciantes que descumprissem essa lei seriam multados, e os escravos desobedientes pegariam três dias de cadeia. De certo modo, a criação dessa lei mostra que o governo buscava eliminar certos hábitos sociais dos escravos e das pessoas pobres.

Apesar dessa primeira proibição ter ficado restrita a alguns lugares e a determinados grupos sociais, a maconha foi se tornando um assunto permanente entre as autoridades públicas. Aos poucos, a ideia de que a maconha era uma droga extremamente perigosa e que, portanto, deveria ser proibida ganhou força.

Na década de 1930, surgiu uma onda proibicionista muito forte nos Estados Unidos que se alastrou por quase todos os países do mundo. O Brasil, que já realizava campanhas contra a maconha e seus usuários, aproveitou o momento internacional e criou uma série de leis proibindo os usos da *Cannabis*.

Em 1932, o Decreto n. 20.930 proibiu o uso da *Cannabis indica*.

Em 1938, o Decreto-Lei n. 891 proibiu a *Cannabis sativa*.

Na prática, por trás do discurso de que a maconha era uma droga extremamente perigosa havia muita desinformação e preconceitos. Ela se tornou coisa de pessoas perigosas e "vagabundas". Pouco a pouco, por conta dessas proibições, todos aqueles que faziam algum uso da *Cannabis* foram enquadrados pela lei como criminosos.

Atualmente, o estigma contra a planta da maconha está passando por um momento de revisão. Em vários lugares do mundo, o uso dopante vem sendo legalizado ou descriminalizado (deixando de ser crime). Países como Portugal, Uruguai, Canadá e alguns estados dos Estados Unidos já permitem esse uso.

A Europa e a Ásia, ainda que com uma legislação mais rígida, permitem a produção do cânhamo para fins industriais. Além da produção de tecidos, papel e combustíveis, atualmente há pesquisas sobre a possibilidade de utilizar o cânhamo na criação de plásticos biodegradáveis.

166 MACONHA: ORIGEM E TRAJETÓRIA

Em relação à produção de medicamentos, as plantas da maconha vêm sendo estudadas pela indústria farmacêutica para a busca de tratamento contra doenças como a epilepsia, por exemplo. Na onda dessa mudança, um fato emblemático é que a empresa canadense Tilray, que produz maconha medicinal, começou a negociar suas ações em Wall Street (na bolsa de valores de Nova York) em julho de 2018.

De um ponto de vista em que os interesses, as crenças e os valores de cada época devem ser levados em conta, os diferentes usos da maconha revelam um pouco sobre o modo como a humanidade se relacionou e vem se relacionado com o meio em que vive. Desde que foi domesticada pelo homem, cerca de 6 mil anos atrás, a maconha foi em grande parte usada na alimentação, nas viagens, na produção têxtil, na religião, entre outras atividades humanas. Apenas no início do século XX é que ela foi proibida, em parte por interesses políticos e econômicos desse período. Com o passar do tempo, esses interesses vêm se modificando, o que, de certa forma, abre caminho para uma revisão do papel da maconha na vida dos homens.

Referências

BARNEY, W. High points: an historical geography of Cannabis. *Geographical Review*, v. 104, n. 4, p. 414-438, out. 2014.

BRASIL. Hemeroteca Nacional. Anúncio. *Diário de Pernambuco*. Recife. Ano XLV, n. 77, p. 3, 7 abr. 1869. Disponível em: http://memoria.bn.br/DocReader/029033_04/23009. Acesso em: 15 set. 2020.

DIRIJO: a maconha antes da proibição. Direção: Raoni Valle. Brasil: Organização dos Professores Indígenas Mura; Instituto Nacional de Pesquisas na Amazônia; Núcleo de Pesquisas com Ciências Humanas e Sociais, 2008. (12 min).

ESCOHOTADO, A. *Historia general de las drogas*. Madri: Espasa Calpe, 2007.

FRANÇA, J. M. C. *História da maconha no Brasil*. São Paulo: Três Estrelas, 2015.

MACRAE, E.; ALVES, W. C. (org.). *Fumo de Angola*: canabis, racismo, resistência cultural e espiritualidade. Salvador: EDUFBA, 2016.

SAAD, L. G. *"Fumo de negro"*: a criminalização da maconha no Brasil (c. 1890-1932). Dissertação (Mestrado em História) – Universidade Federal da Bahia, Salvador, 2013.

ROSA, L. *Terra e ilegalidade*: agricultura de maconha em Alagoas e Pernambuco (1938-1981). Tese (Doutorado em Desenvolvimento Econômico) – Universidade Estadual de Campinas, Campinas, 2019.

SANDOVAL, P. X. Wall Street é atraída pela maconha. *El País*, 30 out. 2018. Disponível em: https://brasil.elpais.com/brasil /2018/09/28/economia/1538148867_728510.html. Acesso em: 14 jun. 2019.

14. A questão econômica

Taciana Santos de Souza[1]

A partir da compreensão de diferentes visões acerca da *Cannabis*, foi possível observá-la, por exemplo, como uma *planta*, um *medicamento* ou um *psicoativo ilícito*. Contudo, para entender a questão econômica, precisamos analisá-la enquanto *mercadoria*.

Isso significa, em outras palavras, que a *Cannabis* faz parte de um *mercado*, ou seja, há uma demanda e uma oferta desse produto. A demanda relaciona-se com a busca ou a compra da mercadoria por parte dos consumidores. A oferta trata do cultivo, da produção e da comercialização do produto que chega ao consumidor final. Tanto a demanda como a oferta são dependentes e estão inter-relacionadas, por isso, não é adequado responsabilizar uma parte ou outra pela existência de um mercado. Além disso, há ainda um terceiro agente que pode interferir em diferentes

---

1 Economista, mestre e doutoranda em Desenvolvimento Econômico no Instituto de Economia da Universidade Estadual de Campinas (Unicamp). Pesquisa sobre a economia das drogas, utilizando uma abordagem econômica heterodoxa e interdisciplinar. Também é membro fundadora do Laboratório de Estudos Interdisciplinares sobre Psicoativos (LEIPSI).

graus numa economia: o Estado. Contudo, antes de compreendermos a dinâmica do mercado de maconha e como as diferentes políticas podem organizar esse ramo, vamos começar pelo consumo e pela produção.

Consumo de Cannabis

Do ponto de vista da demanda, estima-se que 182,5 milhões de pessoas tenham utilizado *Cannabis* no ano de 2014, de acordo com o Relatório Global sobre Drogas de 2018, do Escritório de Drogas e Crimes da Organização das Nações Unidas (UNODC). Essa quantidade representa 3,8% da população mundial e não tem variado nas últimas décadas, ou seja, o uso tem aumentado em proporção ao crescimento populacional global. Esse dado refere-se a pessoas que tenham utilizado a erva pelo menos uma vez no último ano.

Essa informação acaba sendo muito abrangente; afinal, há um distanciamento muito grande entre um usuário que fuma essa substância uma vez no período de doze meses e o usuário que fuma diariamente. Portanto, não é possível mensurar a demanda global de *Cannabis*, porque não se pode saber quanto essas pessoas consomem. Desse modo, podemos classificar como consumidores ocasionais aqueles que fazem um uso escasso e como consumidores regulares aqueles que fazem um uso mais frequente e estável. Quando um consumidor utiliza a substância de forma abusiva, de modo a prejudicar a sua vida, falamos que ocorre um "uso problemático". É o caso dos consumidores que demandam maiores cuidados, bem como serviços de assistência e de saúde.

Ainda é preciso destacar que, como a *Cannabis* é uma substância ilícita, os consumidores temem responder aos questionários que realizam pesquisas e levantamentos sobre o uso de drogas, inviabilizando a distinção dos níveis de consumo da planta.

Produção de Cannabis

Ao contrário de outros psicoativos ilícitos que podem ser produzidos em laboratórios, como os sintéticos ou os semissintéticos, a maconha pode ser obtida diretamente da natureza, isto é, sem alteração na planta por meio de compostos químicos. Por isso, essa droga apresenta uma cadeia produtiva muito simples, o que reflete na expansão da oferta dela.

Muitos estudos tentam prever ou estimar valores sobre a produção de drogas ilícitas, mas poucas e imprecisas são as estatísticas acerca da *Cannabis*. Uma justificativa para isso é o fato de essa planta ser produzida e consumida em praticamente todo o planeta, diferentemente, por exemplo, do mercado de cocaína, que é muito concentrado, pois tem 98% da produção centralizada em três países andinos (Peru, Bolívia e Colômbia). Algumas regiões globais destacam-se no cultivo em larga escala de maconha, como é o caso do Paraguai e do Polígono da Maconha no Nordeste Brasileiro, ou de haxixe, como é o caso do Afeganistão e do Marrocos. Entretanto, como a maconha não implica restrições geográficas para ser produzida, o mercado canábico torna-se mais dinâmico, com especificidades que variam de acordo com a localização, resultando em maiores variações de preços de venda. Também por essas características, associadas a uma produção global, fica mais difícil interceptar o narcotráfico dessa substância, tendo em vista que o transporte não se dá necessariamente por longas distâncias. Isso fica mais claro ao analisarmos a cadeia produtiva.

O cultivo da planta pode ocorrer em ambientes abertos (*outdoor*), como a agricultura tradicional, ou em ambientes fechados (*indoor*), como a jardinagem em apartamentos e em pequenos espaços fechados, onde são introduzidos alguns aparelhos, os quais denominamos "bens de capital"[2] – como é o caso, por exemplo, da iluminação artificial, que é necessária ao fornecimento de luz e de calor para o crescimento do vegetal.

Independentemente do ambiente do cultivo (seja ele *indoor*, seja ele *outdoor*), a cadeia produtiva da *Cannabis* ocorre praticamente da mesma forma. Assim, a etapa inicial é destinada à semeadura e ao cultivo. Na sequência, quando a planta cresce e atinge seu ponto de maturação, ocorre o corte dos ramos, podendo ainda, nessa etapa, ser realizada a manicura, que é a separação das partes que não estão boas para o uso. Após o corte, ocorre o processo de secagem da *Cannabis*. Em seguida, há uma diferenciação nas técnicas, que podem se destinar à produção de maconha ou de haxixe.

Para se obter a maconha, basta colher as flores para fumá-la. No cultivo *indoor*, é muito comum o armazenamento da planta em recipientes fechados, para deixá-la curtindo (processo denominado curagem). Contudo, a partir da secagem, também é possível realizar a exsudação da resina da *Cannabis*, por meio da qual é obtido o haxixe.

Figura 14.1 Cadeia produtiva da *Cannabis*.

---

2 Bens de capital são aqueles destinados à produção de outros serviços ou mercadorias.

A *dinâmica do mercado*

Após a produção de maconha ou de haxixe, a cadeia produtiva poderá se encerrar caso o usuário cultive para consumo próprio, forma denominada como *autocultivo*, ou se destinará ao comércio.

Atualmente, há diversas associações de ativistas (coletivos) que promovem e orientam o autocultivo, mediante o qual o usuário labora a planta para consumi-la e cuja lógica permite que esses mesmos "usuários-produtores" retirem-se do fluxo do mercado, viabilizando, desse modo, formas alternativas de relações econômicas, como a produção para autoconsumo. Assim, muitos cultivadores de países onde a planta é ilícita conseguem quebrar o ciclo violento do narcotráfico e se proteger do produto adulterado, ainda que se exponham aos riscos penais da legislação vigente. No Brasil, por exemplo, além da prisão do cultivador, há a possibilidade de perda de propriedade onde ocorre o cultivo. Além disso, por mais que os autocultivadores retirem-se do fluxo econômico do narcotráfico, eles ainda movimentam essa economia, seja por meio da compra dos bens de produção, seja por meio dos insumos e dos custos de produção, como sementes, adubos ou gastos com energia.

Contudo, por mais impactante que seja o autocultivo, a situação mais recorrente é a produção da maconha ou do haxixe para o comércio. Nesse caso, após a finalização da mercadoria, há ainda uma etapa de transporte, que é especialmente relevante ao tráfico de grandes quantidades, por meio do qual a carga é levada até o comércio atacadista, de onde é repassada ao comércio varejista. Em diferentes formas, essas etapas vão se ramificando de tal maneira que um consumidor de maconha não precisa mais ir até as tradicionais biqueiras de periferia, podendo desfrutar de outras alternativas de compra, como a entrega em casa (*delivery*), por exemplo. Essas formas de compra e de venda de maconha foram ampliadas

174   A QUESTÃO ECONÔMICA

paralelamente ao avanço das tecnologias de informação, que melhoraram os meios de comunicação.

A Cannabis *e a economia*

Até aqui podemos entender um pouco sobre o consumo, a produção e a circulação (venda) da droga no mercado ilegal. Também já sabemos que, por ser proibida, a maconha implica gastos públicos que são destinados às políticas de repressão a esse comércio, como a prisão de narcotraficantes e a apreensão de drogas. Contudo, além desses gastos, quais outros impactos a maconha causa na economia?

Quando um usuário ou um traficante produzem *Cannabis*, eles demandam uma série de produtos e serviços – alguns lícitos, como bens de capital ou adubo; outros ilícitos, como as sementes. Isso mostra como a cadeia produtiva da *Cannabis* também está imbricada com outros ramos da economia, alguns de setores formais, outros de setores informais. Esse é um dos reflexos econômicos. Contudo, o impacto reproduzido diretamente pelo mercado da droga é o mais significativo; afinal, o ciclo produtivo da maconha gera não apenas a mercadoria, mas também cria empregos e renda. Não é à toa que, durante a crise do euro, alguns países incluíram o narcotráfico no cálculo do produto interno bruto (PIB) do país.

Para esclarecer melhor esse ponto, precisamos entender que nem toda atividade criminosa tem o potencial de gerar renda numa economia. Como exemplo, podemos pensar em crimes como assaltos ou sequestros: eles não geram valor diretamente ao sistema econômico, apenas transferem renda, já que a perda da vítima passa a ser o ganho do criminoso. Por outro lado, o mercado de drogas, ao empregar pessoas e recursos a cada etapa da cadeia produtiva, vai agregando valor à mercadoria e, consequentemente, gerando renda por meio do pagamento desses custos.

Isso é válido para qualquer setor no sistema econômico: no processo produtivo, diferentes quantidades de fatores de produção são utilizadas em cada etapa. Tais fatores são os recursos naturais, capital e trabalho (mão de obra), que foram necessários ao fornecimento de uma mercadoria ou de um serviço. O pagamento a esses fatores de produção se dá por meio de salários, ordenados, aluguéis, lucros, juros, entre outros. É por isso que, ao se agregar valor a uma mercadoria, gera-se renda à economia, via pagamento dos fatores de produção. Em outras palavras, a cadeia produtiva mostra o *fluxo real* do mercado, isto é, todas as etapas que levam um produto até o consumidor final; como contrapartida, há um *fluxo nominal* nesse mesmo mercado, que é o pagamento (a renda) de todos os fatores de produção inseridos nas diferentes etapas.

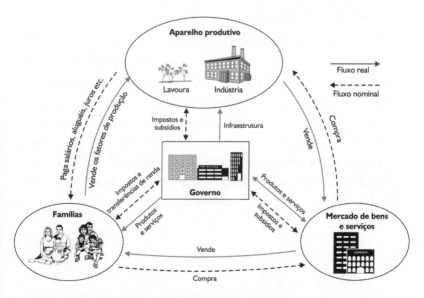

Figura 14.2 Fluxo circular econômico.

176   A QUESTÃO ECONÔMICA

Esses fluxos valem tanto para os mercados legais como os ilegais: o processo produtivo gera empregos diretos e indiretos, contribuindo para o crescimento econômico.[3] Contudo, o que separa um ramo legal de um ilegal são as condições desses fatores, ou seja, como se dão as relações de trabalho, o uso da terra e do capital. Assim, enquanto um setor formal contrata trabalhadores protegidos pela Consolidação das Leis Trabalhistas (CLT), o mercado de drogas faz uso do trabalho escravo, infantil e/ou criminoso. De modo semelhante, o uso de terras para cultivo ou para comércio das drogas extravasa o pagamento de aluguéis assegurados pelos contratos imobiliários, o que resulta no aumento do número de mortes e de agressões violentas devido a disputas territoriais entre facções criminosas. Também a captação de renda pelo Estado, que ocorre por meio da arrecadação de impostos e tributos nos mercados formais, é substituída por práticas corruptas, como suborno e propina pagos a policiais, juízes e outros servidores, os quais atuam em conjunto à ilegalidade.

Essa lógica também prevalece no uso do capital (dinheiro), que, no narconegócio, não contempla a transparência das fontes de financiamento, sendo muitas delas advindas de grandes empresários ou políticos, cuja influência acaba protegendo-os da penalização. Além disso, parte dos grandes lucros obtidos é reinvestida no financiamento de outros crimes (como o tráfico de armas), enquanto outra parte é frequentemente incorporada na economia formal com o suporte de agentes financeiros (incluindo renomados bancos), via lavagem de dinheiro.

---

3   Isso terá um efeito multiplicador se considerarmos que um trabalhador – que fornece a iluminação ao cultivo *indoor*, por exemplo – receberá um salário e demandará outros bens e serviços na economia, estimulando outros setores.

MACONHA: OS DIVERSOS ASPECTOS, DA HISTÓRIA AO USO 177

Quadro 14.1 Diferenças entre os mercados formal e ilegal

	Mercado formal	Mercado ilegal
Propriedade/ terra	Protegido por contratos	Protegido e disputado violentamente
Insumos	Adquiridos de outros setores legais	Adquiridos de setores ilegais e legais
Mão de obra	Salários e benefícios dentro das normas da CLT	Utiliza trabalho infantil, escravo e criminoso
Captação pelo Estado	Impostos e tributos	Propina e suborno
Lucros	Reinvestidos ou realocados em bancos	Reinvestidos em outras atividades criminosas, como tráfico de armas; lavagem de dinheiro, muitas vezes com fuga de capital ao exterior

Políticas sobre maconha e economia

Entendemos o mecanismo do mercado, mas ainda há uma questão que precisamos esclarecer: se a maconha está associada a tantos percalços, como o tráfico de armas, a criminalidade e a violência da repressão às drogas, por que não é possível acabar com esse mercado, mesmo utilizando tantos recursos para tal fim?

Podemos encontrar inúmeras explicações de diferentes áreas de conhecimento para responder a essa questão, mas, do ponto de vista estritamente econômico, cabe-nos entender dois pontos principais.

O primeiro está relacionado ao volume e, portanto, à importância da oferta e da demanda dessa droga. Por se tratar de um número considerável de consumidores e por ser a produção de *Cannabis*

178 A QUESTÃO ECONÔMICA

proibida, esse negócio se configura como altamente lucrativo, que propicia a venda com preços mais elevados, decorrentes das altas margens de lucro inseridas nessa mercadoria. Contudo, o segundo ponto se refere à intensa inovação do ramo. É justamente pela capacidade de criar sementes, formas de produção, substâncias ilícitas, meios de traficá-las e mercados consumidores que passa a ser impossível acabar com esse negócio. De modo geral, a inovação viabiliza o processo de acumulação de capital, aumentando os lucros; mas, no caso das drogas, a capacidade desse setor de se reinventar e se adaptar contempla uma condição de existência dessa economia. Quando uma organização criminosa é presa, outra é criada para substituí-la; quando um trajeto de tráfico de carga é descoberto, outro é criado para dar andamento ao comércio, e assim por diante.

Inclusive, o próprio uso recreativo da droga revela uma grande capacidade de inovação, especialmente com relação às sementes, já que muitos cultivadores cruzam diferentes variedades de espécies de plantas, que produzem flores de diferentes aspectos, sabores e aromas, compondo um nicho de mercado, uma cultura canábica, como uma espécie de "maconha gourmetizada". Embora se trate de uma parcela muito pequena de usuários, esse consumo caracterizado pela diferenciação da droga reforça o aspecto criativo desse ramo.

Ademais, o grande volume de consumidores revela uma demanda em potencial, que também pode ser um fator relevante, mas não crucial, à explicação da existência desse mercado. Isso fica mais claro quando entendemos a lógica capitalista: indústrias, empresas e comerciantes não trabalham nem produzem com a pura finalidade de satisfazer clientes ou de proporcionar bem-estar social, e, sim, porque visam ao dinheiro. Gostemos ou não, essa é a lógica do sistema econômico em que vivemos. O tráfico de drogas está inserido nesse contexto e se mantém, portanto, não para atender à demanda dos usuários de maconha, mas, acima de tudo, porque essa atividade dá lucro e tem como objetivo final a acumulação de capital.[4]

Assim, conseguimos entender por que as políticas de repressão, por mais que se esforcem, não conseguem cessar esse mercado. Ao considerar isso, alguns países têm reformado suas políticas sobre a *Cannabis*. Algumas dessas transformações restringem-se ao mercado consumidor, como é o caso da descriminalização e da despenalização do usuário; outras restringem a produção apenas para uso medicinal; enquanto outras estão legalizando a substância para fins recreativos e industriais.[5]

Nesse sentido, essas diferentes políticas abordam questões econômicas importantes, que interferem no acesso à substância pelos consumidores, os quais podem sofrer limitações de idade mínima e/ou quantidade máxima para compra. A rigidez ou a flexibilidade com que se dá essa regulamentação pode ser um instrumento de política pública, colaborando para o adiamento do início do uso por jovens, por exemplo, ao estabelecer como critério de autorização de compra uma idade mínima de 18 ou 21 anos, ou ao atentar à quantidade consumida por cada usuário, a fim de evitar o "uso problemático", estabelecendo um limite quantitativo a ser vendido por indivíduo em dado período.

---

4 Cabe salientar que, em alguns contextos, especialmente nos países subdesenvolvidos, muitos jovens ingressam no tráfico de drogas movidos principalmente pelo *status* e pelo poder, particularmente em realidades em que há uma "cultura" de tráfico. Portanto, o narcotráfico transborda a questão econômica, pois abrange aspectos sociais, políticos, culturais, psicológicos, entre outros.

5 Ressalta-se que a *Cannabis* tem variados usos na indústria, como na fabricação de tecido, papel, material de construção, combustível, alimentos, produtos farmacêuticos, cosméticos, entre outros.

Ademais, a regulamentação também pode se dar sobre a produção e a venda, determinando, por exemplo, quais tipos de mercadorias podem ser vendidas, a quem e em quais locais. A veiculação de anúncios e de propagandas, bem como a produção de comestíveis, como balas e pirulitos canábicos, são formas de comercialização perigosas, porque podem ser atrativas para crianças. Por outro lado, uma regulamentação baseada na perspectiva de redução de prejuízos sociais pode diminuir riscos associados ao uso da droga. Afinal, hoje em dia, uma pessoa consegue comprar maconha com mais facilidade que compra outros produtos formais altamente regulamentados, como é o caso de determinados medicamentos que exigem o controle de receitas médicas.

Por último, precisamos abordar a relação econômica quanto à regulamentação da produção de canabidiol. Enquanto importamos remédios à base de *Cannabis* para o Brasil, outros países estão investindo em pesquisa e desenvolvimento (P&D) e em patentes associadas à maconha. Desse modo, a economia nacional deixa não apenas de gerar produto e renda internas, mas também perde tempo e espaço no mercado internacional, ao adiar o início da produção no país. Embora esses aspectos sejam importantes para o crescimento econômico, vale lembrar ainda que *crescimento* não é sinônimo de *desenvolvimento*. Por isso, pensar na questão econômica relativa à maconha ultrapassa a reflexão acerca da mercadoria. Trata-se, sim, de debater as condições sociais e estruturais em torno dessa mercadoria; em suma, trata-se de como se dará a produção e a comercialização dessa substância, bem como de quem poderá acessá-la e de quem se apropriará da renda gerada nesse mercado.

MACONHA: OS DIVERSOS ASPECTOS, DA HISTÓRIA AO USO   181

Referências

ARAÚJO, T. *Almanaque das Drogas*. São Paulo: Leya, 2012.

CANO, W. *Introdução à Economia*: uma abordagem crítica. 2. ed. São Paulo: Editora Unesp, 2007.

CARNEIRO, H. As necessidades humanas e o proibicionismo das drogas no século XX. *Revista Outubro*, v. 6, p. 115-128, 2002.

CARNEIRO, H. Transformações do significado da palavra "droga": das especiarias coloniais ao proibicionismo contemporâneo. In: VENÂNCIO, R. P.; CARNEIRO, H. (org.). *Álcool e drogas na história do Brasil*. São Paulo/Belo Horizonte: Alameda/PUCMinas, 2005. p. 11-27.

ESCOHOTADO, A. *La cuestión del cáñamo*: una propuesta constructiva sobre hachís y marihuana. Barcelona: Editorial Anagrama, 1997a.

ESCOHOTADO, A. *O livro das drogas*: usos e abusos, preconceitos e desafios. São Paulo: Dynamis Editorial, 1997b.

ESCOHOTADO, A. *Historia general de las drogas*: incluyendo el apéndice "Fenomenología de las drogas". 5. ed. Madri: Espasa Calpe, 2002.

FRAGA, P. C. P. Plantios ilícitos no Brasil: notas sobre a violência e o cultivo de cannabis no polígono da maconha. *Cadernos de Ciências Humanas – Especiarias*, v. 9, n. 15, p. 95-118, jan./jun. 2006.

ROBINSON, R. *O grande livro da Cannabis*: guia completo de seu uso industrial, medicinal e ambiental. Rio de Janeiro: Jorge Zahar, 1999.

RODRIGUES, T. Narcotráfico: um esboço histórico. In: VENÂNCIO, R. P.; CARNEIRO, H. (org.). *Álcool e drogas na história do*

Brasil. São Paulo/Belo Horizonte: Alameda/PUCMinas, 2005. p. 291-310.

ROSA, L. *Terra e ilegalidade*: agricultura de maconha em Alagoas e Pernambuco (1938-1981). Tese (Doutorado em Desenvolvimento Econômico) – Instituto de Economia, Universidade Estadual de Campinas, Campinas, 2019.

SOUZA, T. S. *A economia da droga*: o mercado de crack e as políticas públicas no Rio Grande do Sul. Monografia (Bacharelado em Ciências Econômicas) – Faculdade de Administração, Contabilidade e Economia, Pontifícia Universidade Católica do Rio Grande do Sul, 2011. (Monografia premiada no XXV Prêmio CORECON/RS de Monografias ou Trabalhos de Conclusão de Curso.)

SOUZA, T. S. *A economia das drogas em uma abordagem heterodoxa*. Dissertação (Mestrado em Desenvolvimento Econômico) – Instituto de Economia, Universidade Estadual de Campinas, Campinas, 2015.

UNITED NATIONS OFFICE ON DRUGS AND CRIME (UNODC). *Global Illicit Drug Trends 2003*. Viena: United Nations Publication, 2003.

UNITED NATIONS OFFICE ON DRUGS AND CRIME (UNODC). *World Drug Report 2018*. Viena: United Nations Publication, 2018.

VERÍSSIMO, M. *Maconheiros, fumons e growers*: um estudo comparativo do consumo e do cultivo caseiro de canábis no Rio de Janeiro e em Buenos Aires. Tese (Doutorado em Antropologia) – Universidade Federal Fluminense, Niterói, 2013.

WOODIWISS, M. *Capitalismo gângster*: quem são os verdadeiros agentes do crime organizado. Rio de Janeiro: Ediouro, 2007.

GRÁFICA PAYM
Tel. [11] 4392-3344
paym@graficapaym.com.br